JN057002

消費者契約法の
トラブル相談

基礎知識から
具体的解決策まで

大上修一郎・西谷拓哉・西塚直之・増田朋記 [編]

Consumer Contract Act

発行 ⊕ 民事法研究会

はしがき

　平成12年4月28日に成立し、翌13年4月1日に施行された消費者契約法は、その後、平成28年5月25日（同29年6月3日施行）の第1次改正、同30年6月8日（令和元年6月15日施行）の第2次改正を経て、現在に至っています。このような改正の経緯を前提に、本書は、『特定商取引のトラブル相談Q＆A』の姉妹版として企画され、主に、平成30年8月25日に開催された平成30年度近畿弁護士連合会夏季研修会「近時の主要消費者法3法改正における消費者被害の予防・救済の到達点」において、消費者契約法を担当した、大阪弁護士会、京都弁護士会、滋賀弁護士会の各消費者保護委員会所属の弁護士有志が集まって執筆をしました。

　本書のコンセプトは、姉妹版である『特定商取引のトラブルQ＆A』と同様、できるだけ具体的な事実でQを構成しあてはめをすること、解説の部分では冒頭でポイントを設け、図表も多用することで、読者にわかりやすくするよう工夫することで、消費者契約法を理解しやすくするとともに、少しでも消費者契約トラブルの解決に役立ててもらうことをめざしています。また、Q＆A形式において、できるだけその一つのQ＆Aで問題となる事例に関する条文の理解ができるにようにすることで、拾い読みも可能となり、気軽に読めるようにしました。

　本書が、日々、消費者契約に係るトラブルの相談を受けられる消費生活センターの相談員や、消費者問題を扱う弁護士や司法書士などの法律実務家の方々にご参考いただき、消費者契約トラブルの予防・被害回復の一助となることを願っております。

　最後になりましたが、本書の出版にあたり株式会社民事法研究会の大槻剛裕氏、野間紗也奈氏には多大なご尽力を賜りました。この場を借りて御礼申し上げます。

　令和3年8月

編者一同

第3章　不当条項規制

第4章 その他

凡　例

[法令]

法	消費者契約法
民法整備法	民法の一部を改正する法律の施行に伴う関係法律の整備等に関する法律（平成29年法律第45号）
特定商取引法	特定商取引等に関する法律
特定商取引法施行令	特定商取引に関する法律施行令
特定商取引法施行規則	特定商取引に関する法律施行規則
景品表示法	不当景品類及び不当表示防止法
失火責任法	失火ノ責任ニ関スル法律
成年後見利用促進法	成年後見制度の利用の促進に関する法律

[判例集・文献]

民集	最高裁判所民事判例集
集民	最高裁判所裁判集民事
判時	判例時報
判タ	判例タイムズ
ウエストロー・ジャパン	Westlaw Japan 判例データベース
TKC	TKC ローライブラリー
特商法 Q & A	坂東俊矢監修・久米川良子ほか編著『特定商取引のトラブル相談 Q & A』（民事法研究会・2018年）

参考文献

　執筆にあたり、以下の文献を参考にした。

・消費者庁消費者制度課『逐条解説　消費者契約法〔第4版〕』（商事法務、2019年）
・日本弁護士連合会消費者問題対策委員会編『コンメンタール消費者契約法〔第2版増補版〕』（商事法務、2015年）
・日本弁護士連合会消費者問題対策委員会編『コンメンタール消費者契約法〔第2版増補版〕補巻』（商事法務、2019年）
・村千鶴子『Q＆A市民のための消費者契約法』（中央経済社、2019年）
・宮下修一「連載　新時代の消費者契約法を学ぶ」ウェブ版国民生活63号（2017年）～同80号（2019年）

第1章

総　論

Q1 消費者契約法は、どのような内容の法律で、なぜ制定されたのか

> 「消費者契約法」という法律がありますが、どのような経緯・目的で制定されたのでしょうか。また、具体的にどのような内容を定めた法律なのでしょうか。

▶ ▶ ▶ Point

① 消費者契約法は、消費者・事業者間の情報の量および質・交渉力の格差の是正を図り、消費者の利益を擁護することを目的とする法律です。

② 消費者契約法は、消費者・事業者間の消費者契約について包括的な民事ルールを定めたもので、私人間の取引について定めた民法の特別法です。

③ 消費者契約法は、事業者の一定の行為により消費者がした契約締結の意思表示の取消権、不当条項の無効、適格消費者団体による差止請求権などについて定めています。

1 消費者契約法が制定された経緯・目的

(1) 消費者契約法制定以前

　消費者契約法は、平成12年に制定された比較的新しい法律です。消費者契約法制定以前は、契約を取り消すことができるかどうかといった問題や一定の事由がある場合に契約条項が無効となるかどうかといった問題について、消費者保護の観点からの包括的な民事ルールを定めた法律は存在していませんでした。そのため、消費者・事業者間の法的トラブルについては、民法や特定商取引法（平成12年改正以前の名称は「訪問販売等に関する法律」）などの法律による解決に頼らざるを得ませんでした。しかし、民法などによる解決

には、次のような限界があります。

(A) 民法による解決

たとえば、事業者が消費者に事実と異なることを告げて、消費者が不本意な契約を締結してしまった場合、消費者は詐欺を理由に契約締結の意思表示を取り消すことができます（民法96条1項）。しかし、この詐欺取消しが認められるためには、事業者が消費者を騙して意思表示をさせるつもりであったことを消費者自身が立証する必要があります。故意の立証は難しく、消費者にとって詐欺取消しの規定は、必ずしも使い勝手のよいものではありません。

また、消費者・事業者間の契約に不当な条項があった場合、公序良俗に反するとして、契約条項の無効を主張することが考えられます（民法90条）が、訴訟で具体的な条項が公序良俗に違反すると認めてもらうことは容易ではありません。

このように、民法におけるルールを構造的に格差のある消費者と事業者間の取引に適用することは実態に合わず、消費者契約における不当性を是正する規律として十分なものではありません。これは、民法が対等な当事者関係を前提としているものだからです。

(B) 特定商取引法による解決

特定商取引法には、書面交付義務等の行政規制とともに、民事ルールとして、法定期間内（たとえば、訪問販売であれば、契約書などの法定書面を受け取った日から8日以内）に契約を解除することができるクーリング・オフ制度等が定められています（同法9条など）。クーリング・オフは、事業者が詐欺をしたなどの事情がなくても、消費者が契約を解除することを認めるものであり、消費者に対して非常に強い権限を与える制度です。

しかし、特定商取引法は、訪問販売や電話勧誘販売といった一定の類型の取引にのみ適用される法律です。したがって、特定商取引法が適用されない類型の取引（店舗販売など）については、クーリング・オフを利用すること

ができません。

(2) 消費者契約法の制定

こうした状況を踏まえて、消費者・事業者間の契約について、消費者保護の観点に立った包括的な民事ルールの立法化が求められるようになり、消費者契約法が制定されるに至りました（平成12年5月12日公布・平成13年4月1日施行）。

(3) 消費者契約法の目的

消費者契約法は、「消費者と事業者との間の情報の質及び量並びに交渉力の格差」があることを踏まえ、一定の場合における消費者の取消権などを認めることにより、「消費者の利益の擁護を図り」、「国民生活の安定向上と国民経済の健全な発展に寄与することを目的と」しています（法1条）。

② 消費者契約法の内容

法1条は、「消費者の利益の擁護を図」るための手段として、次の3つの制度をあげています（〔図表1〕参照）。

(1) 不当勧誘行為による契約締結の意思表示の取消権

消費者契約法は、4条から7条において、事業者の不当勧誘行為により消費者が契約締結の意思表示をした場合の取消権とその効果を定めており、意思表示を取り消せる場合が、民法よりも広く認められています。

(2) 不当条項の無効

消費者契約法は、8条から10条において、無効となる不当条項について具体的に定めており、民法の一般条項と比べて、契約条項が無効となる場合が明確に定められています。

(3) 適格消費者団体による差止請求権

内閣総理大臣の認定（法13条）を受けた適格消費者団体は、たとえば、事業者が消費者契約法に反する不当な条項を使用している場合、事業者に対しその条項の使用を停止するよう請求し（差止請求）、また差止請求に係る訴

〔図表１〕消費者契約法の全体像

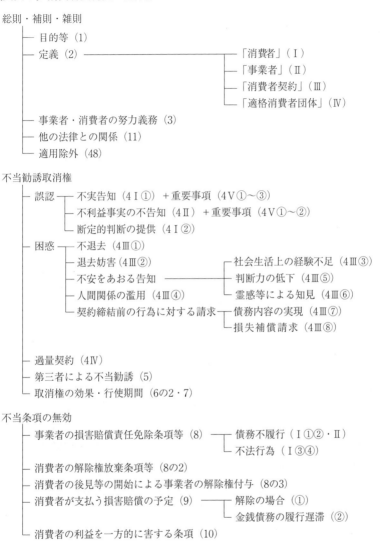

総則・補則・雑則

　── 目的等（1）
　── 定義（2）─────────────────「消費者」（Ⅰ）
　　　　　　　　　　　　　　　　　　「事業者」（Ⅱ）
　　　　　　　　　　　　　　　　　　「消費者契約」（Ⅲ）
　　　　　　　　　　　　　　　　　　「適格消費者団体」（Ⅳ）

　── 事業者・消費者の努力義務（3）
　── 他の法律との関係（11）
　── 適用除外（48）

不当勧誘取消権

　── 誤認── 不実告知（4Ⅰ①）＋重要事項（4Ⅴ①〜③）
　　　　　── 不利益事実の不告知（4Ⅱ）＋重要事項（4Ⅴ①〜②）
　　　　　── 断定的判断の提供（4Ⅰ②）
　── 困惑── 不退去（4Ⅲ①）
　　　　　── 退去妨害（4Ⅲ②）　　　── 社会生活上の経験不足（4Ⅲ③）
　　　　　── 不安をあおる告知───── 判断力の低下（4Ⅲ⑤）
　　　　　── 人間関係の濫用（4Ⅲ④）── 霊感等による知見（4Ⅲ⑥）
　　　　　── 契約締結前の行為に対する請求── 債務内容の実現（4Ⅲ⑦）
　　　　　　　　　　　　　　　　　　　── 損失補償請求（4Ⅲ⑧）

　── 過量契約（4Ⅳ）
　── 第三者による不当勧誘（5）
　── 取消権の効果・行使期間（6の2・7）

不当条項の無効

　── 事業者の損害賠償責任免除条項等（8）── 債務不履行（Ⅰ①②・Ⅱ）
　　　　　　　　　　　　　　　　　　　　　── 不法行為（Ⅰ③④）
　── 消費者の解除権放棄条項等（8の2）
　── 消費者の後見等の開始による事業者の解除権付与（8の3）
　── 消費者が支払う損害賠償の予定（9）───── 解除の場合（①）
　　　　　　　　　　　　　　　　　　　　　── 金銭債務の履行遅滞（②）
　── 消費者の利益を一方的に害する条項（10）

差止請求（12〜47）

えを提起することができます（法12条3項・41条）。

3 民法と消費者契約法の関係

　消費者契約法も私人間の関係を規律するものですので、民法と同じ私法に属します。ただし、消費者契約法は、私人間の関係の中でも、消費者と事業者との間で締結される契約（消費者契約）についての特別なルールを定めたものですので、民法との関係では、特別法（2つの法律で異なった定めが置かれている場合に、優先して適用される法律）という位置づけになります（〔図表2〕参照）。

〔図表2〕 民法と消費者契約法の関係

	基本的性格	適用対象	優先関係	契約の取消しに関する規定	契約条項の無効に関する規定
民 法	対等な私人間の関係を想定し規律する。	私人間の法律関係に広く適用される。	一般法	錯誤・詐欺・強迫など	公序良俗違反
消費者契約法	情報の質・量、交渉力等において劣る消費者と事業者の契約関係を規律する。	消費者・事業者間の契約に適用される。	民法との関係で特別法にあたり、民法に優先して適用される。	不実告知などの誤認類型・住居からの不退去などの困惑類型 過量契約	不当条項の無効

6

┌─ **コラム①**　平成28年・30年消費者契約法改正 ─────────

　消費者契約法は、平成12年5月12日に成立し、翌13年4月1日から施行されました。消費者契約法の成立にあたり、平成12年4月の衆参両院の附帯決議で、「施行後5年を目途に見直しを図ること」とされていましたが、平成19年6月7日に消費者団体訴訟制度についての改正法が施行されました後も実体法については抜本的な改正がされない状態が続いていました。しかし、急速な高齢化社会の進展やインターネット取引の拡大の影響に伴う消費者被害の急増や、その内容の多様化・複雑化により、改正前の消費者契約法の規定や解釈では救済が困難なケースや、新たな消費者被害の類型であるために対応できないケースも生じたことから、これらに対処するために、平成28年、30年の2度にわたり法改正が行われました。

　まず、第1次改正である平成28年には、不当勧誘関係では、①過量契約取消権の創設（法4条4項）、②重要事項の範囲の拡大（同条5項）、③取消権行使後の消費者の返還義務の範囲（法6条の2）、④取消権の行使期間の伸長（法7条）、不当条項関係では、⑤法8条1項について、「民法の規定による」との文言の削除、⑥消費者の解除権を放棄させる条項効（法8条の2）の創設、⑦法10条の第一要件に該当する条項の例示（同条）等の改正がなされました。

　また、第2次改正である平成30年には、総則関係では、①条項の明確化・平易化および情報提供に係る努力義務（法3条1項1号・2号）、不当勧誘関係では、②不利益事実の不告知に係る要件について重過失の追加（法4条2項）、③新たな困惑取消類型の創設（法4条3項3号ないし8号）、不当条項関係では、④事業者の責任の有無・限度決定条項（法8条）、⑤事業者の解除権の有無の決定権限付与条項（法8条の2）、⑥後見開始の審判等による解除権付与条項（法8条の3）等の改正がなされました。

　上記のように、これまで2度にわたり法改正がされましたが、なお不十分なところもあることから、現在、消費者契約に係る検討会において、第3次改正に関する議論が行われており、本稿執筆時点では令和3年秋頃には同検討会における報告書が出される予定となっています（コラム②も参照）。

└──

Q2 消費者契約法と特定商取引法には、どのような違いがあるか

> 消費者保護を目的とする法律として特定商取引法という法律があると聞きましたが、消費者契約法とはどこが異なるのでしょうか。消費者契約法と特定商取引法とはどのような関係になるのでしょうか。

▶▶▶ Point

① 特定商取引法は、訪問販売などの7つの取引類型に適用されます。一方、消費者契約法は、取引形態にかかわらず消費者と事業者の間の契約（消費者契約）であれば、適用されます。

② 特定商取引法は、行政規制・刑事罰・民事ルールを定めており、民事ルールにおけるクーリング・オフ制度が特に重要です。

③ 消費者トラブルにおいては、消費者契約法と特定商取引法の両方が適用できることも多くあります。

1 特定商取引法の概要

(1) 特定商取引法の目的

　特定商取引法は、正式には「特定商取引に関する法律」といい、昭和51年に制定された法律です。なお、制定当初は「訪問販売等に関する法律」という名称でした。特定商取引法は、「特定商取引を公正にし、及び購入者等が受けることのある損害の防止を図ることにより、購入者等の利益を保護し、あわせて商品等の流通及び役務の提供を適正かつ円滑にし、もつて国民経済の健全な発展に寄与すること」を目的としています（同法1条）。ここで重要なのは、①特定商取引法が「購入者等の利益を保護」することを直接の目

的としていること、②そのための手段が「特定商取引を公正にし、及び購入者等が受けることのある損害の防止を図ること」であることです。

(2)　特定商取引法の適用対象

特定商取引法は、「特定商取引」に該当する取引類型に適用されます。同法1条によれば、「特定商取引」とは、①訪問販売に係る取引、②通信販売に係る取引、③電話勧誘販売に係る取引、④連鎖販売取引、⑤特定継続的役務提供に係る取引、⑥業務提供誘引販売取引、⑦訪問購入に係る取引の7つの取引類型です。特定商取引法は、これら7つの取引類型に該当する取引について、次にみる各種ルールを定めることにより、取引をする消費者の被害を防止しようとしているのです。

(3)　特定商取引法の定めるルール

(A)　行政規制

たとえば、訪問販売についてみると、販売業者等は、勧誘に先立って、事業者名、勧誘をする目的である旨、商品等の種類を明らかにしなければならず（特定商取引法3条）、勧誘を拒否した者に対し再勧誘をしてはならないとされています（同法3条の2第2項）。また、販売業者等は、訪問販売によって消費者から契約の申込みを受けたときや、訪問販売によって消費者と契約を締結したときは、それぞれ申込書面・契約書面を交付しなければならないとされています（同法4条・5条）。販売業者等がこうしたルールに違反すれば、主務大臣は、必要な措置をとるべきことを指示することができ（同法7条）、一定の場合には、業務停止を命ずることもできます（同法8条）。

特定商取引法は、上記の7つの取引類型それぞれにつき、こうした事業者の義務や禁止行為を定め、「特定商取引」の適正化を図っています。

(B)　刑事罰

訪問販売を例にとると、販売業者等は、訪問販売の勧誘などの際に、一定の事項について不実告知をしてはならないとされています（特定商取引法6条1項）。かかる規定に違反した者は、3年以下の懲役または300万円以下の

罰金に処せられます（またはこれらの併科。同法70条1号）。

　　(C)　民事ルール

　特定商取引法が定める民事ルールにおいて、最も重要なものはクーリング・オフ制度です。クーリング・オフは、たとえば訪問販売により消費者が販売業者等と契約を締結した場合、消費者が法定書面を受け取った日から8日以内であれば、無条件で契約を解除することができる（特定商取引法9条）とするもので、消費者にとって非常に有利な制度です。

　特定商取引法が定める7つの取引類型のうち、通信販売以外の取引類型においてクーリング・オフが認められています。

　また、特定商取引法は、クーリング・オフ以外にも、訪問販売・電話勧誘販売における過量販売解除権（同法9条の2・24条の2）や通信販売における法定返品権（同法15条の3）などの民事ルールを定めています。

２　消費者契約法と特定商取引法の共通点・相違点

(1)　共通点

　消費者契約法も特定商取引法も、消費者の利益を保護することを直接の目的としている点は共通しています。また、どちらも、消費者の利益を保護するための民事ルールを定めている点は共通しています。

(2)　相違点

　他方で、消費者契約法と特定商取引法は、その適用対象や定められているルールの内容において、相違しています（〔図表3〕参照）。

　　(A)　適用対象

　消費者契約法は、広く消費者・事業者間の契約に適用されるので、適用範囲は比較的広範囲に及びます。他方、特定商取引法の適用は、7つの取引類型に限定されるので、適用範囲は比較的限定されています。

　　(B)　ルールの内容

　消費者契約法は、消費者の取消権や不当条項の無効などの民事ルールを中

心に定めた法律です。他方で、特定商取引法においては、行政規制・刑事罰・民事ルールという性質の異なるルールが定められており、それらのルールが連携し合って、「特定商取引……を公正にし、及び購入者等が受けることのある損害の防止を図」ろうとしています（同法1条）。

〔図表3〕消費者契約法と特定商取引法の相違点

	直接の目的	適用対象	内　容
消費者契約法	消費者の利益の擁護	消費者・事業者間の契約に適用される。	民事ルール（取消権・不当条項・差止請求）
特定商取引法	購入者等の利益の保護	訪問販売など7類型の取引に適用される。	行政規制・刑事罰・民事ルール

③　消費者契約法と特定商取引法の関係

　消費者契約法と特定商取引法は、ともに消費者の利益保護を目的とする法律であるという点では共通しており、訪問販売等の特定商取引法による規制対象取引であっても、特定商取引法の規定と抵触しない限り消費者契約法の規定も適用されます（法11条2項。Q53参照）。たとえば、クーリング・オフ（特定商取引法9条等）は法4条の各規定とは明らかに要件を異にし、抵触するものではないので、クーリング・オフ等ができる場合であっても法4条の取消権も行使できます。また、特定商取引法上の不実告知取消権（同法9条の3第1項1号等）および故意による事実不告知を理由とする取消権（同項2号等）と消費者契約法上の不実告知取消権（法4条1項1号・5項）および不利益事実の不告知による取消権（同条2項・5項1号・2号）は、両者の効果や取消権行使期間は全く同じで、排斥し合う関係にないので、双方の要件を満たす場合は、いずれの取消権も行使できます。

　消費者トラブルにおいては、消費者契約法と特定商取引法の両方の適用の可否を検討したうえで、消費者に最も有利な主張を構築することが重要です。

┌─ コラム② 消費者契約法のさらなる改正に向けて ─┐

　消費者契約法の平成28年および平成30年の２度の改正によって、取消しの対象となる不当勧誘行為の範囲が拡大され、無効となる不当条項類型が追加されるなど、消費者被害を救済できる範囲が広げられることとなりました。しかし、改正法の附帯決議においても示されているように、いわゆるつけ込み型取消権の創設や、法９条１号における「当該事業者に生ずべき平均的な損害の額」についての立証責任の負担軽減など、多くの点が引き続きの検討課題とされ、さらなる措置が求められました。

　このような要請を受けて、平成31年２月以降、消費者庁は「消費者契約法改正に向けた専門技術的側面の研究会」での検討を開始し、さらにその研究会の報告内容を踏まえて、令和元年12月から「消費者契約に関する検討会」において法改正の具体的な内容について検討が始められることとなりました。

　本稿執筆時点で上記の検討は途上の段階ですが、同検討会では、たとえば消費者の取消権について困惑類型の脱法禁止規定や、消費者の「浅慮」という心理状態に着目した規定、消費者の判断力の不足に着目した規定などが検討されています。また、法９条１号の「平均的な損害の額」に関しては、その考慮要素を整理して示すこと、事業者の説明義務を設けること、訴訟上で事業者が否認する場合には主張する額についての算定根拠を明らかにしなければならないものとすることなど、消費者側の立証負担を軽減するための提案が検討されています。さらに、不当条項としてはサルベージ条項の追加や、所有権放棄のみなし条項・解約権の行使を制約する条項を法10条の第一要件の例示とすることなどが提案されています。

　いずれもその方向性は、消費者の被害を予防・救済する範囲を広げるものとして歓迎されるものですが、事業活動への影響の懸念などを理由に必要以上に限定的な要件が定められてしまうことが憂慮されます。

　改正の目的は、救済が困難な消費者被害事例について十分に適用可能な形での規定が設けられ、消費者被害救済に実効性をもたせることにあります。もし、それが不十分であれば、さらなる検討のもとに必要な改正が行われるべきだと思います。

消費者契約法上の「消費者」とは、具体的にどのような人をいうのか

> 1　私は、テニスサークルの代表をしています。サークルで2泊3日の合宿をすることになり、サークル名義でテニスコート併設のペンションと宿泊契約をしましたが、宿泊予定日の1週間前にキャンセルしました。ペンションからキャンセル料として宿泊代の70％を支払うよう言われましたが、この金額を支払わないといけないのでしょうか。
>
> 2　私は、不動産業者から「この辺りは賃貸物件需要が高いので、絶対もうかる」と言われ投資用マンションを購入しましたが、半年経っても入居希望者がありません。マンションの購入契約を取り消したいのですが、可能でしょうか。

▶▶▶ Point

① 消費者契約法は、「消費者」と「事業者」との間の契約に適用されます。

② 「消費者」とは、個人のことをいいますが、団体であっても「消費者」に該当する場合があります。

③ 個人であっても、事業としてまたは事業のために契約をする場合は「消費者」となりませんが、例外もあります。

1　消費者契約法上の「消費者」

　消費者契約法は、消費者の取消権や不当条項の無効などを定めていますが、前提として、問題となっている契約が「消費者契約」に該当しなければ、消費者契約法は適用されません。

消費者契約とは、消費者と事業者との間で締結される契約をいいます（法2条3項）。そして、消費者契約の主体となる「消費者」とは、事業としてでもなく、事業のためにでもなく契約の当事者となる個人をいい、他方、「事業者」とは、法人その他の団体および事業としてまたは事業のために契約の当事者となる場合における個人をいいます（法2条1項・2項。〔図表4〕参照）。

〔図表4〕消費者と事業者の区別

	事業としてまたは事業のために契約をする場合	事業としてまたは事業のために契約をする場合「以外」
個　人	原則：事業者 例外：消費者	消費者
法人その他の団体		原則：事業者 例外：消費者

2 団体名義での契約と消費者契約法該当性――設問1

(1) テニスサークルは「消費者」といえるか

テニスサークルという団体名義で宿泊契約を締結した場合、「消費者」（法2条1項）にあたらず、消費者契約法は適用されないのでしょうか。法2条2項には「事業者」の定義の中に「法人その他団体」とあり、テニスサークルはこれに該当するため消費者契約法の適用がないようにも思えます。

しかし、そもそも法2条2項において、「法人その他の団体」が「事業者」とされているのは、消費者と比較して、情報の質および量並びに交渉力において優位に立っているからです。とすれば、団体であっても、消費者と比較して、情報の質および量並びに交渉力において優位に立っていると評価できない場合には、「消費者」に該当すると考えることができます（なお、東京地裁平成23年11月17日判決・判時2150号49頁は、権利能力なき社団である大学のラグビークラブチームと旅館との契約に関し、上記の考え方に基づき、ラグビーク

ラブチームの「消費者」該当性を認めました)。また、実際問題として、団体が単なる消費者の集まりにすぎない場合、宿泊業者との契約を個人の列挙という形で契約したか、団体名で締結したかで、消費者契約法の適用に関する結論を異にするというのは不合理であり、いずれも「消費者契約」として規制するべきと考えられます。

設問1において、テニスサークルが団体であったとしても、代表者や構成員の属性・年齢などによっては、情報の質および量並びに交渉力において優位に立っていると評価できません。また、テニスサークルは実質的には消費者の集まりにすぎません。よって、設問1の宿泊契約は、「消費者」により締結された「消費者契約」に該当するというべきです。なお、PTA、同窓会、マンション管理組合などが契約当事者であったとしても、同様の考え方ができるでしょう。

(2) 結 論

よって、設問1の宿泊契約は「消費者契約」として法9条1号による規制が及び、宿泊事業者は、テニスサークルに対して、平均的な損害を超える違約金は請求できません。「平均的な損害額」がいくらになるかは、キャンセル時期と宿泊予定日の関係によることになりますが、同種の宿泊施設のキャンセル料も一つの参考になると思われます（Q42参照）。

③ 事業目的での契約と消費者契約該当性──設問2

(1) 問題の所在

不動産業者の「この辺りは賃貸物件需要が高いので、絶対もうかる」という発言は、断定的判断の提供（法4条1項2号）に該当し、契約を取り消すことができそうです（Q9参照）。

しかし、購入者は、賃貸して利益を得る目的でマンションを購入しているので、「事業として又は事業のために契約の当事者となる場合」（法2条1項）にあたり、「消費者」とはいえず、消費者契約法が適用されないともい

えるのではないでしょうか。

(2) 事業目的であっても消費者といえるか

　相談者が投資用マンションの購入を考えたのは、不動産業者が断定的判断の提供という不当な勧誘により、誤認したからにほかなりません。不当な勧誘がなければ、マンション購入契約をすることもなく、当該契約がなければ、相談者の事業者性を基礎づける事情はありませんでした。このような状況で、相談者が契約の取消しを主張する場合には、消費者契約法により保護されるべきと考えられます。

　そこで、個人について、当該契約がなければ事業者性を基礎づける事情がないような場合には、当該個人を「消費者」として扱うべきです。裁判例においても、事業者から不動産投資を勧められ、2軒の不動産を購入した個人について、消費者契約法が適用されることを前提に、不利益事実の不告知（法4条2項）による契約の取消しを認めた事例があります（東京地裁平成24年3月27日判決・判例集未登載）。

(3) 結 論

　設問2の相談者について、マンション購入契約以外に事業者性を基礎づける事情がない場合には「消費者」に該当し、契約の取消しが認められます。

4 その他「消費者」該当性が問題となる場合

　マルチ商法や内職商法における勧誘を受けた個人についても、一定の事業性があり、「消費者」に該当するかどうかが問題となります。また、中小・零細事業者が、事業内容と比較してあまりに高性能な事務用機器のリース契約などを締結した場合、当該事業者を「消費者」として扱うべきかどうかが、リース被害訴訟などでしばしば争われています。

消費者契約であっても消費者契約法が適用されない場合があるか

> 完全週休2日、月額25万円の給料保証という求人広告を見て、会社の面接を受けました。採用され、働き始めたのですが、求人広告に書かれていた条件とは全く違い、1カ月で休日は4日、給料も15万円でした。不実告知にあたると思いますので、契約を取り消したいのですが、認められるでしょうか。

▶▶▶ Point
① 「消費者」と「事業者」の間の契約であっても、労働契約には消費者契約法が適用されません。
② 労働契約については、労働基準法などの労働法分野において、労働者を保護するルールが定められており、労働者はそれらの規律により保護されます。

1 消費者契約法の適用範囲

　不実告知を理由に契約を取り消すためには、その契約が「消費者契約」に該当しなければなりません。「消費者契約」とは、消費者と事業者との間で締結される契約をいい（法2条3項）、「消費者」とは、個人（事業としてまたは事業のために契約の当事者となる場合におけるものを除く）をいいます（法2条1項）。

　設問の契約は、個人と会社との間で締結された労働契約です。労働契約（労働者が使用者に使用されて労働し、使用者がこれに対して賃金を支払うことを合意する契約）は、会社にとっては、事業としてまたは事業のために締結す

るものですが、その会社で働こうとする個人にとっては、賃金を得ることを目的として契約をするのであって、事業としてまたは事業のために締結するものではありません。そうすると、労働契約を締結した個人は、「消費者」に該当し、会社との間で締結された労働契約は、形式的には「消費者契約」に該当することになります。

2 適用除外

しかし、法48条は、「この法律の規定は、労働契約については、適用しない」と定めており、労働契約については、消費者契約法の適用範囲に含めないこととなっています。これは、次のような考慮に基づくものです。

すなわち、労働者・使用者間の契約である労働契約については、労働者・使用者間に著しい経済的格差を背景とした優劣関係が存在することから、労働者を手厚く保護する必要があります。そうした観点から、労働契約については、戦後早い時期から、労働基準法などの労働法分野において、契約締結過程および契約条項についての民法の特則が定められてきました。

このように、労働契約は、一般の消費者契約とは異なり消費者契約法制定以前から労働者保護のための法制度が発展してきたことから、消費者契約法の適用対象から除外されているのです。

3 設問の場合

設問のような事業者が出した求人広告の内容が実際の労働条件とは異なるような労働契約の申込みの誘引が行われることを、俗に「詐欺求人」といいます。「詐欺求人」は、労働契約に関するトラブルになりますから、消費者契約法上の取消権を行使することはできず、労働法分野による解決を検討することになります。

労働者としては、労働契約法3条4項の信義誠実の原則や過去の労働判例などに基づき、求人広告の内容に沿う労働条件が労働契約の内容になったと

主張して争うことが考えられます。また、会社との労働契約を即時解除するという対応も考えられます。なお、民法上の雇用契約を即時解除するためには、期間の定めの有無を問わず、やむを得ない事由が必要となりますが（民法628条参照）、労働契約の場合、労働基準法15条2項に基づき、労働契約締結の際に明示された労働条件が事実と相違することを理由として、労働契約を即時解除することができます。

Q5　消費者契約法は事業者に対して、どのような義務を課しているか

消費者契約法は、事業者に対し、契約条項を明確にし、かつ平易なものとする義務、および消費者に対する情報提供義務を課していると聞きましたが、これらは具体的にどのような義務でしょうか。

また、事業者がこれらの義務に違反した場合、消費者は事業者に対し契約を取り消したり、損害賠償を求めたりすることはできるのでしょうか。

▶ ▶ ▶ Point

① 事業者には、契約条項を定めるにあたり、消費者の権利義務その他の消費者契約の内容を、その解釈について疑義が生じない明確・平易なものとする努力義務が課せられています。

② 事業者には、消費者契約の勧誘に際し、消費者の理解を深めるために、消費者契約の目的に応じ、個々の消費者の知識および経験を考慮し、必要な情報を提供する努力義務が課せられています。

③ 違反によって、取消しや損害賠償責任などの効果は、直ちには生じませんが、不法行為責任を認定する際の考慮要素になり得ます。

1 　法3条1項の趣旨

　法3条1項は、法1条の目的に従い、事業者と消費者の間に情報の量・質、交渉力の格差が存在することを前提に、消費者の利益擁護を図るために定められた規定です。同項は1号と2号からなり、1号は、事業者が作成した契約条項が不明確であるために複数の解釈が可能である場合、消費者が事

業者から不利な解釈を押し付けられるおそれがあるので、事業者に対して契約条項の明確・平易化の義務を定めた規定です。2号は、消費者契約の勧誘に際し、消費者の理解を深めるために、必要な情報の提供をする義務を定めた規定です。

　いずれの規定も努力義務とされていますが、将来的には、消費者の権利保護の観点から、法的義務とし、義務違反の法的効果を明定するのが望ましく今後の検討課題といえます。

② 契約条項の作成にあたっての努力義務

(1) 契約条項の明確化・平易化

　法3条1項1号は、前記の趣旨から、事業者に対して「消費者契約の条項を定めるに当たっては、消費者の権利義務その他の消費者契約の内容が、その解釈について疑義が生じない明確なもので、かつ、消費者にとって平易なものになるよう配慮する」措置を講ずるよう努める義務を課しています。

　たとえば、契約条項に、単に「消費者は、A、Bの時、賠償義務を負う」と記載されている場合、ここにいう「A、B」は、「AかつB」とも「AまたはB」とも解釈することもできるので、解釈について疑義が生じているといえます。この場合、事業者は、条項を定めるにあたって、「A、B」と記載するのではなく、「AかつB」あるいは「AまたはB」と、疑義の生じない書き方をすべきことになります。

　なお、契約条項には、「正当な理由」とか、「過失によって」など、解釈をしないと意味が確定しない文言が用いられる場合があります。契約時点で、あらゆる事態を想定して契約条項を作成することは現実的でなく、このような文言を用いることが必要なときもあります。したがって、解釈の余地のある条項が直ちに、疑義の生じる条項になるわけではないことに留意する必要があります。

(2)　条項使用者不利の原則との関係

　契約の条項について、解釈を尽くしてもなお複数の解釈の可能性が残る場合には、条項の使用者に不利な解釈を採用すべきであるという考え方を、条項使用者不利の原則といいます。この原則を定めた規定はありませんが、同原則は、法3条1項1号の趣旨から導かれるものといえます。

　裁判例にも、「それが明確でないことによる不利益は……本件規約作成者である被告が負うべきものと解するのが相当である」として、同原則を踏まえた判示をしているものがあります（神戸地裁平成11年4月28日判決・判タ1041号267頁）。

　たとえば、前述した「消費者は、A、Bのとき、賠償義務を負う」との条項が存在する場合、「AかつB」と解釈するほうが、「A又はB」と解釈するよりも、賠償義務を負う場合が狭くなるので、消費者にとっては有利です。事業者が額を明確化する義務を怠ってこのような定め方をしたのですから、条項使用者不利の原則によって、「AかつB」と解釈すべきことになります。

③　勧誘をするに際しての情報提供義務

　法3条1項2号は、事業者に対して「消費者契約の締結について勧誘をするに際しては、消費者の理解を深めるために、物品、権利、役務その他の消費者契約の目的となるものの性質に応じ、個々の消費者の知識及び経験を考慮した上で、消費者の権利義務その他の消費者契約の内容についての必要な情報を提供する」措置を講ずるよう努める義務を課しています。

　平成30年改正前の法3条1項は、一般的・平均的な消費者を想定して必要な情報を提供する努力義務がある旨を定めていました。しかし、消費者の理解を深めるために必要な情報は、個々の消費者の知識や経験によって異なる場合があることから、事業者は、個々の消費者の知識・経験を考慮して必要な情報を提供する必要がある旨が平成30年改正法により明示されました。

　たとえば、消費者が経験の浅い若年者や判断力の低下がみられる高齢者で

ある場合、知識や経験が十分ではないといえ、そのような消費者の知識や経験を考慮して、一般的・平均的な消費者のときよりも、より基礎的な内容から説明を始めること等が事業者に求められます。

　なお、消費者の知識や経験が豊富と考えられるとしても、一般的・平均的な消費者が相手方である場合より、情報提供努力義務の程度を引き下げてよいということにはなりませんので注意してください。あくまで、一般的・平均的な消費者が内容を理解できる程度の情報提供には努めなければなりません。また、消費者契約の目的によっては、個々の消費者の経験等がほとんど問題とならない場合もあるでしょう。たとえば、日用品の購入の場合、個々の消費者の知識および経験を考慮すべき程度はあまり高くないでしょうし、反対に、複雑なしくみの商品・役務の場合は、消費者によって知識や経験はさまざまなので、知識および経験を十分に考慮する必要があるといえます。

4　違反の効果

　法3条1項の事業者の義務は、あくまで努力義務です。したがって、本項の努力義務に違反したことを理由として契約の取消しや損害賠償責任といった効力が直ちに生じるものではありません。

　しかし、これら努力義務への違反は、不法行為における違法性や過失の認定の際に信義則上の義務（民法1条参照）として考慮されるべきです。実際に法3条1項等に基づき事業者として必要な情報を提供すべき信義則上の説明義務があり、その違反を構成するとして損害賠償を認めたような裁判例もあります（名古屋地裁平成28年1月21日判決・判時2304号83頁、大津地裁平成15年10月3日判決・裁判所ウェブサイトなど）。

┌─ コラム③　消費者の義務──内容理解義務 ─────────────────

　消費者契約は、事業者と消費者との間に情報の質および量並びに交渉力の
格差があること（法1条）を前提に、事業者に対して契約条項を明確なもの
にする義務や情報提供の努力義務が課せられています（法3条1項）。

　しかし、事業者がこのような義務を履行することで消費者契約におけるト
ラブルが解消するわけではありません。消費者も契約の当事者として、契約
の内容を理解し、契約を締結することでどのような権利義務が生じるのか、
しっかり認識する必要があります。そこで、消費者契約法では、消費者に対
して努力義務としての内容理解義務を課しています（法3条2項）。

　消費者の内容理解義務は次のように理解されます。

　まず、消費者は契約内容を理解するためにどの程度情報を収集・活用しな
ければいけないのか、という点です。消費者契約においては、消費者自身が収
集した情報があり、それを活用することも当然あります。ただ、すべての場面
において消費者に情報を収集させることは酷です。なぜならば、事業者と消費
者との間には、情報・交渉力の格差が存在するからです。そこで、消費者に
課せられた内容理解義務の前提として、消費者に自ら情報を収集する努力ま
でを求めるものではなく、事業者から情報が提供されることを前提として、消
費者は少なくとも提供された情報を活用することが求められています。

　次に、どの程度まで内容の理解が求められるかです。消費者が契約内容の
すべてを理解することはまず不可能です。したがって、トラブルにならない
（消費者契約法を使って取り消すような事態にならない）程度にまで内容を理
解することが求められます。

　ところで、事業者の努力義務を定める法3条1項は「努めなければならな
い」とあり、消費者の努力義務を定める同条2項は「努めるものとする」と
あります。この差異は、消費者も契約の当事者としての責任を自覚し、その
責任を果たさなければならないことを前提に、消費者と事業者との間の情
報・交渉力の格差に鑑みて消費者に求められる努力のニュアンスを若干弱め
たものと理解されています。

└──────────────────────────────────────

第2章

不当勧誘規制

Q6　新聞の折り込み広告やインターネット広告は消費者契約法上の「勧誘」にあたるか

> 　ひどい腰痛に悩まされていたところ、訪問販売業者から、このサプリメントを飲めば腰痛が緩和すると言われ、その説明を信用してサプリメントを購入しました。しかし、その後、そのサプリメントにはそのような効能はないことがわかったので、契約を取り消して購入代金を返還してほしいのですが、認められるでしょうか。
>
> 　新聞の折り込み広告やインターネット広告を見てこのサプリメントを購入していた場合はどうでしょうか。

▶ ▶ ▶ Point

① 　消費者契約法は、誤認類型による不当勧誘行為として不実告知を定めています。

② 　不実告知にあたれば契約を取り消して購入代金の返還を求めることができます。

③ 　近時の判例によれば、新聞の折り込み広告やインターネット広告による表示も、勧誘に際しての告知にあたると考えられますので、その内容が事実と異なるものであれば不実告知にあたります。

1　不実告知

(1)　不実告知の定義・趣旨

　法4条1項1号は不実告知について定めています。不実告知とは、事業者が、重要事項について事実と異なることを告げることをいいます。その趣旨は、事業者と消費者の間に、大きな情報格差があることを前提として、事業

者が積極的に不適切な情報提供行為をした場合の詐欺の拡張形態の一つとして、「不実告知」による取消権を定めるものです。

すなわち、事業者が、消費者契約の締結を勧誘する際、「重要事項」について事実と異なることを告げ、それによって消費者が告げられたことが事実であると誤認して契約の申込み等の意思表示をした場合、消費者は、これを取り消すことができます（法4条1項1号）。

(2)　重要事項の意義

何が「重要事項」に該当するのかについては、法4条5項各号に定義されています（Q8参照）。そして、同項1号は、物品などの当該消費者契約の目的となるものの質や用途などで、消費者の消費者契約締結の有無を判断する際に通常影響を及ぼすべきものを「重要事項」に該当すると定めています。

設問のサプリメントのセールスポイントは、「飲めば腰痛が緩和する」という点にあり、被勧誘者はこのサプリメントの「腰痛を緩和する」という「質、用途」を考慮して契約の締結の有無を判断することになりますので、「腰痛を緩和する」という事実は「重要事項」に該当することになります。

2 「勧誘」要件

(1)　勧誘の意義

消費者契約法上の取消権の各規定には、事業者が消費者契約の締結について「勧誘をするに際し」という要件があります（法4条1項～4項）。

ここで「勧誘」とは、消費者の契約締結の意思の形成に影響を与える程度の勧め方をいうとされています。

(2)　広告等による勧誘

この「勧誘」要件は、事業者が、消費者と対面して個別に勧誘している場合には、あまり問題となりませんが、不特定多数の者に向けたインターネット広告や折り込みチラシ等の場合には、そのような広告媒体が、消費者の意思形成に影響を与えているといえるかには見解の対立があり、問題となりま

す。

　この点、最高裁判所（クロレラチラシ配布差止等請求事件判決（最高裁平成29年１月24日判決・民集71巻１号１頁）は、「『勧誘』について法に定義規定は置かれていないところ、例えば、事業者が、その記載内容全体から判断して消費者が当該事業者の商品等の内容や取引条件その他これらの取引に関する事項を具体的に認識し得るような新聞広告により不特定多数の消費者に向けて働きかけを行うときは、当該働きかけが個別の消費者の意思形成に直接影響を与えることもあり得るから、事業者等が不特定多数の消費者に向けて働きかけを行う場合を上記各規定にいう『勧誘』に当たらないとしてその適用対象から一律に除外することは、上記の法の趣旨目的に照らし相当とはいい難い」と判示しました。

　この判例を踏まえると、不特定多数の者に向けた働きかけだから「勧誘」にあたらないという形式論には意味がなく、当該働きかけが、「個別の消費者の意思形成に直接影響を与える」か否かが問われることになります。上記の判示内容からすれば、新聞の折り込み広告やインターネット広告であっても，商品等の内容や取引条件が記載されているような場合には、原則として勧誘にあたると考えるべきでしょう。

③　設問の場合

　訪問販売事業者から商品を勧められている場合、「勧誘」にあたることに争いはないでしょう。そして、すでに述べたように「腰痛を緩和する」というサプリメントの「質、用途」は「重要事項」に該当します。この効能がないにもかかわらず、被勧誘者は、訪問販売事業者からの勧誘の結果、「腰痛を緩和する」という「質、用途」を備えたサプリメントと誤認して、契約を締結していますので、不実告知に該当し、取り消すことができます。

　次に、新聞の折り込み広告やインターネット広告を見て申し込んだ場合はどうでしょうか。この場合でも、上記の最高裁判例に基づき、消費者が当該

事業者の商品等の内容や取引条件その他これらの取引に関する事項を具体的に認識しうるような不特定多数の消費者に向けた働きかけが行われ、それが「個別の消費者の意思形成に直接影響を与える」広告等に該当するならば、「勧誘」にあたるといえます。不特定多数の者に向けた広告等であっても、取引をするための情報がほとんど（あるいはすべて）盛り込まれている場合も相当数あります。消費者がそれを見て申込みをしている場合には、「個別の消費者の意思形成に直接影響」が与えられていることは明らかです。また、広告等に商品の内容や取引条件が明確に記載されていない場合もあり得ますが、判例は前述のように「個別の消費者の意思形成に直接影響を与える」か否かを重要なポイントとしています。そのため、広告等を見て申込みに至るまでのプロセスの中で、「個別の消費者の意思形成に直接影響」が与えられるものであれば「勧誘」に広く該当すると考えるべきです。

　設問の場合、当該広告を見てサプリメントを購入したとのことですので、当該広告は「勧誘」にあたるといえ、不実告知があったものと認められますから、契約を取り消して購入代金の返還を求めることができます。

Q7　消費者契約法上の不実告知取消しと民法上の詐欺取消しの違いは何か

消費者契約法では事業者に不実告知があった場合、消費者はその契約を取り消すことができるとされていると聞きました。民法には詐欺取消しがありますが、不実告知取消しと詐欺取消しとはどこが違うのでしょうか。

▶▶▶ Point

① 不実告知取消しの要件は、詐欺取消しの要件よりも緩和されているので、消費者としては、不実告知取消しを主張するほうが有利となります。

② 不実告知取消しの効果は、詐欺取消しと異なり現存利益の返還で足りるので、この点でも不実告知取消しを主張するほうが消費者にとって有利となります。

③ 不実告知取消しの行使期間は、詐欺取消しの行使期間よりも短くなっていますが、これは、法律関係の早期確定を図るためです。

1　成立要件の違い

(1)　詐欺の場合

詐欺による取消しを定めた民法96条１項は、「詐欺による意思表示は、取り消すことができる」としか規定していません。細かい要件は解釈論に委ねられていますが、一般的には、①詐欺者の二重の故意、②違法な欺罔行為、③欺罔行為による錯誤、④錯誤による意思表示が必要と考えられています。

①は、他人を騙して錯誤に陥らせる故意と、その錯誤に基づいて一定の意思表示をさせようという、２段階の故意のことです。

②の欺罔行為とは、人を騙す行為のことです。ただし、欺罔行為のすべてが詐欺になるのではなく、社会通念上許される限度を超えた違法なものであることが必要です。

③および④は、欺罔行為→表意者の錯誤→意思表示が、一連の因果経過にあることを意味します。二段階の因果関係であることから、二重の因果関係とも呼ばれます。

(2)　不実告知の場合

不実告知の要件は、法4条1項1号から、次のとおりに整理できます。

すなわち、①事業者が消費者契約の締結について勧誘をするに際し、②重要事項について事実と異なることを告げ、③消費者が当該告げられた内容が事実であると誤認し、④それによって、当該消費者契約の申込み等の意思表示をしたことの4つの要件に整理することができます。

(3)　比　　較

詐欺取消しと比較すると、不実告知取消しには、二重の故意と欺罔行為の違法性が要件となっていません。これは、消費者の立証負担を軽くし、消費者が事業者の不適切な勧誘行為に影響されて締結した契約から離脱することを容易にするためです。

②　第三者の行為による場合の違い

契約当事者が消費者と事業者である場合で、第三者が消費者に対し欺罔行為あるいは、不実告知に該当する勧誘行為をした結果、消費者が申込み等の意思表示をしたとき、消費者はその意思表示を取り消せるでしょうか。

詐欺取消しの場合は、事業者が、「消費者が第三者の欺罔行為によって錯誤に陥り、意思表示をしている」ことを知り、または知ることができたときに限り、取り消すことができます（民法96条2項）。

不実告知取消しの場合は、事業者が第三者に対し、契約の締結について媒介を委託しているときは、取り消すことができます（法5条1項）。

3 効果・行使期間の違い

(1) 効 果

詐欺取消権を行使した場合、消費者は、相手方事業者に対して、受け取ったものを原状回復する必要があります（民法121条の2第1項）。詐欺取消権の効果は、平成29年改正前民法においては、不当利得の返還として処理されていましたが、改正後の民法では原状回復義務として整理し直されました。このため、消費者はすでに受け取った物品を費消している場合などは、客観的価値に相当する金銭を返還しなければならない可能性があります。

一方、不実告知取消しを行った場合、消費者は、受け取ったものを費消してしまっていても、法6条の2に基づいて、相手方事業者に対して、現存利益の範囲で返還を行えば足ります。すなわち、すでに受け取った物品を費消している場合でも、たとえば、それが事業者から押し付けられた利得にすぎず、消費者にとって現存利益はないといえれば、金銭で返還をする必要はないことになります。

このように取消権行使の効果も大きく異なるため、消費者契約について、詐欺取消しと不実告知取消しが可能な場合は、後者を主張したほうが消費者に有利になると考えられます（〔図表5〕も参照）。

(2) 行使期間

詐欺取消権は、追認可能となった時点から5年間か、法律行為の時点から20年間かの、どちらか早いほうの期間が経過すると消滅します（民法126条）。

不実告知取消しは、追認可能となった時点から1年間か、消費者契約締結の時点から5年間かの、どちらか早いほうの期間が経過すると消滅します（法7条1項）。なお、この1年間の消滅時効についてですが、平成28年改正前は、追認可能となった時点から6カ月間となっていたものが、1年間に伸長されました。伸長の理由としては、6カ月間では、あまりに行使期間が短すぎ、期間徒過してしまうケースも多数存在するという問題があり、取消権

〔図表5〕民法の詐欺と法4条1項・2項との比較

		民法の詐欺（第96条）	本法の「誤認」類型 （本条第1項・第2項）
要　件	①　二重の故意		
	②　欺罔行為		①　事業者の行為（一定の事項についての一定の行為）^(注)
	③　詐欺の違法性		
	④　二重の因果関係		②　二重の因果関係
効　果		取消し	取消し
善意の第三者との関係		対抗できない。	対抗できない。
第三者の行為		契約の相手方がその事実を知っている場合に限り取消し可	事業者が媒介を委託した第三者の場合は取消し可
取消権の期間制限		追認可能時から5年 行為時から20年	追認可能時から1年 契約締結時から5年

（注）　事業者の行為
(1)消費者契約の締結について勧誘するに際し、(2)以下のいずれかの行為をすること。
①　重要事項（本条第4項を参照）について事実と異なることを告げること（本条第1項第1号）
②　物品、権利、役務その他の当該消費者契約の目的となるものに関し、将来におけるその価額、将来において当該消費者が受け取るべき金額その他の将来における変動が不確実な事項につき断定的判断を提供すること（同項第2号）
③　ある需要事項又は当該需要事項に関連する事項について当該消費者の利益となる旨を告げ、かつ、当該重要事項について当該消費者の不利益となる事実（当該告知により当該事実が存在しないと消費者が通常考えるべきものに限る。）を故意又は重大な過失によって告げないこと（同条第2項）

（出典）消費者庁消費者制度課編『逐条解説　消費者契約法〔第4版〕』（商事法務、2019年）154頁

の実効性確保・消費者救済の観点から、相手方事業者の取引の安全も考慮のうえ、1年に伸長されたものです。なお、詐欺取消しの行使期間に比べて不実告知取消しの行使期間が1年と短くなっているのは、消費者契約法は、民法が定める場合よりも取消しを広く認めるものであること、また、事業者の行う取引は、迅速な処理が求められ、かつ、取引の安全確保、法律関係の早期安定の要請が高いことを考慮したためです。

Q8 不実告知の対象となる重要事項とは何か

　自宅に光ファイバーを引きたいと業者に告げたところ、業者から光ファイバーを引くにはデジタル電話機でなければならないので、電話機を交換する必要があると言われ、デジタル電話施工契約および電話機の購入契約をしました。

　しかし、業者の説明は嘘であったことから、契約を取り消すと告げたところ、私が以前に営業していた事業者名で契約しており、消費者ではないので取消しはできないと言われました。廃業していても、事業者名で契約をしたら契約を取り消すことはできないのでしょうか。

▶ ▶ ▶ Point

① 不実告知は「重要事項」についてされていることが必要です。

② 平成28年法改正により、契約の動機となった事実についても、多くの場合、「重要事項」に含まれることが明らかになりました。

③ 廃業しているにもかかわらず事業者名で契約をした場合、消費者契約に該当します。

1 重要事項とは

(1) 重要事項とは

　不実告知が「重要事項」についてなされた場合、消費者はその意思表示を取り消すことができます（不実告知についてはＱ6、コラム④も参照）。法4条5項は、重要事項の意義について、次のように定めています。

I(i)　物品・権利・役務その他の当該消費者契約の目的となるものの
　　①　質、用途その他の内容（1号）
　　②　対価、その他の取引条件（2号）
　(ii)　当該消費者契約を締結するか否かについての判断に通常影響を及ぼすもの
　または、
II(i)　前2号（上記I）のほか、当該消費者契約の目的となるものが
　(ii)　当該消費者の生命、身体、財産その他の重要な利益についての
　(iii)　損害または危険を回避するために
　(iv)　通常必要であると判断される事情（3号）

2　法4条5項1号・2号の重要事項

(1)　質、用途その他の内容

「質」とは、品質や性質のことで、「用途」とは、特徴に応じた使いみちのことですが、いずれも「内容」の例示です。そして、「その他の内容」とは、質や用途に必ずしも含まれない、当該契約の目的となるものの実質や属性（物品の原産地や製造方法など）をいいます。

(2)　対価その他の取引条件

「対価」は、取引条件の例示で、「その他の取引条件」とは対価以外の、取引に関して付される種々の条件（支払時期や引渡時期、契約解除に関する事項など）のことです。

(3)　契約締結の判断について通常影響を及ぼすもの

「通常影響を及ぼすもの」とは、消費者が契約を締結するか否かを決定する際に通常その判断に影響を及ぼすべき事項のことです。その判断にあたっては、契約当時の一般的消費者を基準に決するのが原則です。もっとも、この基準にあてはまらない場合であっても、たとえば、海外電圧対応の電化製品か否かの説明を消費者が求めた場合など、当該消費者が契約を締結するか否かについて特に重要と考えている事項を、当該事業者が知りまたは知り得た場合は、この要件を満たすと考えるべきです。

3　法4条5項3号の重要事項

(1)　改正の趣旨

　平成28年改正前法4条4項（改正後法4条5項1号・2号）は、重要事項の意義について上記Iの場合しか定めておらず、契約締結の必要性を基礎づける事実（契約の動機となった事実）はこれらにあたらず、この点に不実告知があっても実際には取消権を行使できないのではないかという問題がありました。

　しかし、たとえば、無料点検商法において、実際にはシロアリはいなかったのに、点検の結果、シロアリがいて駆除の必要性があると告げるなど、駆除契約の動機となった事実に不実告知があり、消費者が錯誤に陥ってしまうケースは非常に多くあり、このような事案を救済する必要は高いと考えられていました。

　そこで、平成28年改正法は、「重要事項」に関する規定（法4条5項3号。上記II）を追加し、当該「消費者契約」が、当該消費者の生命、身体、財産その他の「重要な利益」についての「損害又は危険を回避するために」必要だと判断するに至った事情について、不実告知があった場合には、取消しを認めることにしました。

(2)　当該消費者の生命、身体、財産その他の重要な利益

　生命、身体、財産は「重要な利益」の例示であり、そのほかには、名誉・プライバシーの利益、生活上の利益なども含まれると考えられるので、実際には、多くのケースが適用対象となります。また、生命等には「当該消費者の」という限定が付されていますが、子どもの生命など、当該消費者以外の者の重要な利益であっても、「当該消費者の」重要な利益にあたると判断される場合はこの要件を満たします。

(3)　損害または危険を回避するため

　「損害又は危険」とは、生命等の重要な利益の侵害により消費者に生ずる

不利益を意味し、「損害」は現に生ずる不利益を、「危険」はそのおそれ（蓋
然性）を想定したものです。そして、「損害又は危険」には、積極損害（す
でに保有している利益を失うこと）のほか、消極損害（本来得られるはずの利益
を得られないこと）も含まれます。また、「回避するため」とありますが、危
険回避やリスク回避型に限定する趣旨ではありません。

4 設問の場合

　設問では、嘘の説明をしていることから、不実告知取消権を行使できない
かが問題となります。

　まず、デジタル電話機の購入につき、相談者は業者から、電話機は光ファ
イバーを引くという「用途」に必要な機器であると告げられています。これ
から光ファイバーを自宅に引きたいと考えていた相談者にとって、当該「用
途」は電話機を購入するかどうかという判断に通常影響を及ぼすといえ、法
4条5項1号の「重要事項」要件を満たすといえます。

　また、消費者は、電話機の利用による外部とのコミュニケーション活動を
日常生活で営みますから、電話機が日常生活で使えるか否かは、日常生活上
不可欠な「生活上の利益」に関する問題であり、「その他の重要な利益」に
該当します。相談者は、光ファイバー回線の敷設により既存電話機が使えず
外部とのコミュニケーション活動がとれなくなるという損害を回避するため
に、上記契約をしたといえるので、法4条5項3号あるいは1号の「重要事
項」要件も満たします。なお、平成28年改正前の事案ですが、設問と同様の
事案で、特に理由を明示しないで、不実告知取消し（平成28年改正前法4条
4項1号）を認めた裁判例もあります（大阪簡裁平成16年10月7日判決・ウエ
ストロー・ジャパン）。

　設問の場合、相談者は、実際は廃業しているにもかかわらず事業者名で契
約をしているので、事業としてまたは事業のために契約をしたのではないか
が問題となります。「事業として又は事業のために」契約したか否かは、最

終的には個別の事情を考慮して、客観的にみて「事業のために」契約したかを判断することになります（Q3参照）。事業を廃業していれば、その事業のために電話機を使用することはありませんから、「事業のために」契約をしたとはいえず、消費者契約に該当します。

　よって、設問の場合、法4条1項1号・5項1号あるいは同項3号に基づき、不実告知取消権を行使することができます。

┌─ **コラム④**　新鮮と言われたのに新鮮でなかった場合、不実告知か ─┐

　「不実告知」とは、重要事項（Q8参照）について、事実と異なることを告げることをいいます（Q6参照）。

　「事実と異なること」とは、契約締結時を基準として、真実または真正でないことをいいます。契約締結時を基準とするのは、消費者は、通常、契約締結時の事情をもとに契約するか否かを決めるからです。そして、事実でないことについては、必ずしも事業者が主観的に認識している必要はなく、告知内容が客観的に真実または真正でないことで足りるとされています。そこで、「新鮮」、「安い」といった主観的評価に係る告知は、客観的な事実により真実または真正であるか否かの判断ができないので、「事実と異なること」の対象とならないという見解もあります。

　しかし、安いか否かについては、品質等を踏まえた客観的な相場というものがあり、それと比較することは可能となります。また、新鮮か否かについても、収穫時期や保存方法等の客観的事実を踏まえればその判断は可能です。

　したがって、主観的な評価であっても、客観的な事実により真実または真正であるか否かを判断できる場合は、不実告知の対象となると考えられます。

　また、法4条1項1号は、不実告知について、事業者の故意または過失を要求していません。

　したがって、事業者が、真実または真正であると信じて（誤認して）いた、あるいは、そう信じたことについて過失がなかったとしても、告知内容が客観的にみて、真実または真正なものでなかった場合、消費者は不実告知があったものとして消費者契約を取り消すことができます。

└───────────────────────────────┘

「損失を取り戻せる」などと告げて投資顧問契約を勧誘する行為は断定的判断の提供にあたるか

私は、無料で銘柄診断および投資相談をしているという投資顧問会社Ａ社のサイトを見て、株取引で生じた損失を取り戻そうと思い、相談の電話をかけたところ、担当者から、よい銘柄があるがそれを教えるには当社と投資顧問契約を締結し、有料会員になる必要があると言われました。迷いましたが担当者から「会員になったら会費も含めた損失を取り戻すことができる」、「それ以上の利益が出る」、「損失を取り戻せるし、それ以上に利益が出ることについて自信がある」と何度も強い口調で言われ、そこまで自信があるのならばと思い、Ａ社の会員となり、担当者の勧める銘柄を購入しました。しかし、全く利益が出ないばかりか、さらに多額の損失が出てしまいました。Ａ社との契約をやめて支払った会費の返還と新たに生じた損失の支払いを求めたいのですが、可能でしょうか。

▶ ▷ ▶ Point

① 消費者契約法は、事業者から消費者への不適切な情報提供の一類型として断定的な判断の提供を定めています。

② 事業者の断定的な判断の提供によって、消費者が誤認をし、当該消費者契約の申込みまたはその承諾の意思表示をしたときには、取り消すことができます。

1 「消費者」といえるか

消費者とは、事業としてまたは事業のために契約の当事者となる場合を除

く個人をいいます（法2条1項。Q3参照）が、株の投資家は消費者にあたるでしょうか。

この点については、株取引の原資の性格や目的を客観的に判断して、個人投資家が投資顧問契約を「事業として又は事業のため」に締結したか否かによって消費者契約法が適用されるかどうかが決定されることになります。すなわち、①株取引の収益が再投資や生計の原資の全部または重要な一部分となるような場合（個人投資家が「事業として」行う取引）や、②個人自らが行っている事業の事業資金の運用手段として株取引を行う場合（個人投資家が「事業のため」に行う取引）には、個人投資家は「消費者」ではないことになるため、消費者契約法が適用されません。

以下では、設問の相談者が消費者にあたることを前提に検討します。

② 断定的判断の提供による契約の取消し

⑴ 意 義

将来の変動の見込みについて不確実であるにもかかわらず、それを確実なものと告げて契約を締結させるような行為は、契約を締結するのが有利か否かについての消費者の判断を誤らせる不適切な情報提供行為です。そのため、消費者契約法はこれを「断定的判断の提供」として規定し、消費者の取消権を認めています（法4条1項2号）。

⑵ 要 件

(A) 断定的判断の提供による取消権の要件

断定的判断の提供は、①事業者が消費者に対し契約の締結の勧誘をするに際し（Q6参照）、②消費者契約の目的となるものに関し、将来における変動が不確実な事項につき、③断定的判断の提供をし、④消費者がその内容が確実であると誤認して意思表示をした場合に認められます。

　(B)　消費者契約の目的となるものに関し、将来における変動が不確実な
　　事項

　法4条1項2号は、「将来における変動が不確実な事項」の例示として、
「将来におけるその価額」と「将来において当該消費者が受け取るべき金額」
をあげています。前者は、不動産取引における将来の当該不動産の価格のよ
うに将来における契約目的物自体の価額をいいます。後者は、保険契約にお
いて、将来当該消費者が受け取ることができる保険金額などです。

　「その他将来における変動が不確実な事項」とは、上記二つに含まれない
が、消費者の財産上の利得に影響するものであって、将来を見通すことがそ
もそも困難であるものが含まれることには争いがありません。たとえば、証
券取引において将来における各種の指数・数値、金利、通貨の価格がこれに
あたります。一方で、財産上の利得に影響しないものがこれに含まれるかは
争いがありますが、詳しくはQ10で解説します。

　(C)　断定的判断の提供

　「断定的判断」とは、確実でないものが確実であると誤解させるような決
めつけ方をいいます。

　「絶対に」、「必ず」のようなフレーズを伴うかどうかは問いませんので、
事業者が消費者に「この取引をすれば100万円もうかる」と告知した場合
や、「この取引をすれば必ず100万円もうかる」と告知した場合は、いずれも
断定的判断の提供にあたります。これに対し、「予想する」、「絶対ではない」
という趣旨の言葉が挿入されている場合には、非断定的判断とは一応いえま
すが、説明全体の趣旨から断定的判断となる場合もあります。

　(D)　因果関係

　事業者の断定的判断の提供により消費者が誤認し、その結果意思表示をし
たという二重の因果関係が必要です。そして、この場合の「誤認」とは、事
業者の断定的判断の提供により、その提供された内容が実現されるであろう
という認識を抱くことをいいます。

③ 設問の場合

(1)　断定的判断の提供

　株取引は、その性質上、将来において消費者が財産上の利益を得るか否かを見通すことが困難な事項といえるので、「将来における変動が不確実な事項」にあたります。また、A社担当者は、相談者に対し、「会員になったら会費も含めた損失を取り戻すことができる」、「それ以上の利益が出る」などと何度も強い口調で申し向けており、確実でないものが確実であると誤解させるような決めつけ方をしていますので、断定的判断を提供しているといえます。その結果、相談者は誤認して投資顧問契約を締結しているので、その意思表示を取り消すことができ、会費の返還を請求をすることができます（なお、奈良地裁平成22年3月26日判決・消費者法ニュース84号293頁）。

(2)　不実告知取消し

　「損失を取り戻すことができる」、「それ以上の利益が出る」という説明は、投資という契約の客観的な性質に照らし、契約締結時点において、不明確なものといえ、不実告知にも該当するといえます。したがって相談者は不実告知取消権を行使して会費の返還を請求することもできます（Q7参照）。

(3)　不法行為に基づく損害賠償請求

　投資顧問契約の意味は、顧客の投資リスクを低減する助言をすることにあります。さらに設問の場合、相談者と投資顧問契約を締結したA社は、その投資リスクを可能な限り低減し、かつ、A社に対する支払金を上回るリターンの期待できる銘柄を推奨する義務を負っていたといえます。それにもかかわらず、A社が合理的根拠なく、あたかも、投資による利益を得るために有益な特別な情報に基づいて助言がされる投資顧問契約として勧誘したことは、その真実を隠し、顧客に、現実には得られない可能性の高い過剰な期待を抱かせるものであって、その勧誘行為もまた、不法行為を構成すると評価できます。したがって、新たな取引損もA社に請求できます。

Q10　エステで必ず効果があるなどと言われた場合にも、断定的判断の提供にあたるか

　肌荒れが気になったので、エステティック（エステ）サロンに相談に行きました。エステティシャンから、「当店の施術を受ければ、1カ月後には肌は綺麗になり、美しくなりますし、続ければより効果が出ます」と言われたので、試しに3カ月のエステ契約をしました。しかし、1カ月経っても肌は荒れたままで全く綺麗になりません。契約を取り消したいのですが、可能でしょうか。また、すでに支払ったエステ料金は返してもらえないのでしょうか

▶ ▶ ▶ Point

①　消費者契約法は、事業者から消費者への不適切な情報提供の一類型として断定的判断の提供を定めています。

②　事業者の断定的判断の提供によって、消費者が誤認をし、当該消費者契約の申込みまたはその承諾の意思表示をしたときには、取り消すことができます。

③　「その他将来における変動が確実な事項」は、財産上の利得に影響するものに限られません。

1　断定的判断の提供による契約の取消し

（1）意　義

　将来の変動の見込みについて不確実であるにもかかわらず、それを確実なものと告げて契約を締結させるような行為は、契約を締結するのが有利か否かについての消費者の判断を誤らせる不適切な情報提供行為であることか

ら、法はこれを「断定的判断の提供」として規定し、消費者の取消権を認めています（法4条1項2号）

(2)　要　件

(A)　断定的判断の提供による取消権の要件

断定的判断の提供は、①事業者が消費者に対し契約の締結の勧誘をするに際し（Q6参照）、②消費者契約の目的となるものに関し、将来における変動が不確実な事項につき、③断定的判断の提供をし、④消費者がその内容が確実であると誤認して意思表示をした場合に認められます（Q9参照）。

(B)　消費者契約の目的となるものに関し、将来における変動が不確実な事項

法4条1項2号に規定する「その他将来における変動が不確実な事項」は、消費者の財産上の利得に影響するもの（Q9参照）だけに限られるのかについては争いがあります。法4条1項2号の趣旨は、専門家が不確実な事項について断定的判断を提供して勧誘した場合、素人は信じ込みやすく、適切な判断による自己決定ができないため、そのような勧誘行為について取消しを認めたものです。したがって、財産上の利得に限られず妥当するというべきであり、財産上の利得に影響しない事項も含まれると考えるべきです。

実際に、神戸地裁尼崎支部平成15年10月24日判決・TKCは、控訴審で判断が覆ってしまったものの、消費者の運勢や将来の生活状態は、法4条1項2号にいう「将来の変動が不確実な事項」に該当するとして、断定的判断の提供を理由とする取消しを認めました。

(C)　断定的判断の提供

「断定的判断」とは、確実でないものが確実であると誤解させるような決めつけ方をいいます。

「絶対に」、「必ず」のようなフレーズを伴うかどうかは問いませんので、事業者が消費者に「この取引をすれば100万円もうかる」や「この取引をすれば必ず100万円もうかる」と告知した場合、いずれも断定的判断の提供に

あたります。

　これに対して、①「この取引をすればもうかるかもしれない」などと事業者が非断定的な予想や個人的見解を示すこと、②「エコノミストのＡ氏は『１年後には１ドル＝100円以下になる』と言っている」などと相場情報について消費者の判断材料となる真実を告げること、③過去の数値データおよび当該データを参考にした仮定を明示するとともに、これらを前提とした試算を示しながら「今まで元本割れしたことはなく、試算を考慮すれば今後も元本割れしないだろう」と告げるなど、事業者が一定の仮定を明示し、その仮定に基づいた試算を示すことは断定的判断の提供にはあたりません。ただし、言葉のうえでは、「予想する」とか「絶対ではないけれども」という言葉が加えられ非断定的判断に思えても、説明趣旨全体をとらえると断定的判断の提供と評価できる場合もありますので、慎重に検討する必要があります。

2　設問の場合

(1)　断定的判断の提供

　設問の場合、エステティシャンから、「当店の施術を受ければ、１カ月後には肌は綺麗になり、美しくなりますし、続ければより効果が出ます」と言われ、エステ契約を締結しています。肌が綺麗になる、美しくなるということは、財産上の利得に関連しない事柄ですが、このような事柄も契約の締結にあたり適切な判断により自己決定する機会を侵害されていることに変わりはありませんので「その他の将来における変動が不確実な事項」にあたり、断定的判断の提供による取消しが認められるべきです。

　断定的判断の提供によりエステ契約を取り消したとしても、相談者はすでに施術を受けているので、その客観的価値相当分は現存利益として返還しなければならず、すでに支払った料金全額の返還を求めることができないとも考えられます（法６条の２）。しかし、事業者の断定的判断の提供により誤

認した消費者からすると、その説明とは異なったものであった以上、客観的価値はなかったと評価されることが多いと思われます。その場合、現存利益はないため相談者はサービスを受けた分を返還する必要はなく、すでに支払ったエステ料金全額の返還を求めることができます（なお、取消しの効果についてはＱ７・Q26参照）。

(2)　不実告知取消し

設問では、肌荒れが気になることを相談したのに対して、「肌が綺麗になる、美しくなる」と勧誘することは、単なる主観的な評価の域を超え、肌荒れが改善されることまたは治ることを告知しているといえます。その結果として、効果がなかったのですから、「事実と異なること」を告げたと評価でき、不実告知取消しも認められる余地があります（法４条１項１号。Ｑ７参照）。

したがって、設問の場合、不実告知に基づき、エステ契約を取り消すことができる可能性があり、その場合もすでに支払ったエステ料金全額の返還を求めることができます。

(3)　クーリング・オフ

相談者は３カ月のエステ契約を締結しているので、その代金が５万円を超えるものである場合、特定継続的役務提供契約にあたります（特定商取引法41条１項、特定商取引法施行令11条・別表４）。そこで、相談者が受け取った法定書面（同法42条２項・３項）に不備や虚偽記載があれば、書面を受け取った日から８日を経過している設問の場合でもクーリング・オフを行使して（同法49条１項）、代金の返還を求めることができます（同法49条１項。特商法Ｑ＆Ａ62頁参照）。

Q11 事業者から不利益な事実が告げられなかった場合、取消しは認められるか

> 不動産販売業者から、隣地は駐車場で、天気がよければ富士山も見えるなど眺望・日照がよいと言われ、2階建ての戸建て住宅を購入しました。しかし、その1年後に隣地に高層マンションが建設され、天気がよくても富士山は見えなくなるなど眺望は悪くなり、日中であっても日照がほとんど遮られるようになりました。隣地に高層マンションが建つことがわかっていれば住宅を購入しませんでした。契約を取り消すことはできないでしょうか。

▶▶▶ Point

① 消費者契約法は、事業者から消費者への不適切な情報提供の一類型として、不利益事実の不告知を定めています。

② 事業者の不利益事実の不告知によって、消費者が誤認をし、当該消費者契約の申込みまたはその承諾の意思表示をしたときには、消費者はその意思表示を取り消すことができます。

③ 平成30年法改正により、事業者が重大な過失により不利益な事実を告知しなかった場合にも意思表示を取り消すことができるようになりました。

1 はじめに

　設問の場合、販売業者から眺望・日照がよいと言われ住宅を購入したものの、購入から1年後、隣地に高層マンションが建設され、眺望・日照が悪くなっています。そこで、不利益事実の不告知（法4条2項）として、契約を

取り消すことができないかが問題となります。

② **不利益事実の不告知による取消し**

⑴　不利益事実の不告知とは

　不利益事実の不告知とは、事業者が消費者契約の勧誘に際し、消費者に有利な事実を告げたにもかかわらず、それに関連する消費者に不利益な事実を故意または重大な過失によって告げない行為をいい、次の要件を満たした場合、消費者はその意思表示を取り消すことができます（取消しの効果については Q 7 参照）。

① 　事業者による消費者契約の「勧誘」

② 　消費者に対する、ある重要事項または当該重要事項に関連する事項についての利益告知

③ 　当該重要事項について不利益事実の不告知について故意または重過失の存在

④ 　当該不利益な事実が存在しないとの誤認と意思表示（因果関係）

⑵　**勧　誘**

　「勧誘」とは、消費者の消費者契約締結の意思の形成に影響を与える程度の勧め方をいうとされています。消費者に対して、契約締結の意思形成に向けた働きかけが行われた場合、これに該当するといえるでしょう（「勧誘」については Q 6 参照）。

⑶　**ある重要事項または当該重要事項に関連する事項についての利益告知**

　「ある重要事項又は当該重要事項に関連する事項」とは、法 4 条 5 項に規定された「重要事項」（Q 8 参照）に限らず、「当該重要事項に関連する事項」も広く含む点がポイントです。たとえば、「国産イチゴ、通常700円のところが、大特価 1 パック200円 ‼ 」という勧誘が行われたが、安い理由については説明がされていなかった場合を考えてみます。安い理由が、当該商品が実際には、賞味期限間近であるがゆえに値段が安かったという場合、告げられ

なかった当該重要事項は賞味期限が間近であるという「品質」であり、告げられた有利な事実は大特価1パック200円という「価格」となります。

　次に、「当該消費者に利益となる旨」とは、消費者契約を締結する前の状態と後の状態とを比較して、個別具体的な消費者に利益を生じさせるであろうことをいいます。ここでの「消費者の利益」は、当該契約を締結する消費者が望む状態を含むと解されており、経済的利益に限られません。

(4) 不利益事実の不告知について故意または重過失があること

　告げられなかった「当該消費者の不利益となる事実」は、「当該告知により当該事実が存在しないと消費者が通常考えるべきものに限る」とされています。この判断基準としては、当該重要事項について「当該消費者」の不利益となる事実は存在しないであろうと一般の「消費者」が通常認識するものを指すとされています。ただし、一般の「消費者」が存在しないと考える不利益の内容をあまり狭く解しすぎると、適用場面が極めて限られるおそれがあります。消費者と事業者の情報量の違いなどの構造的格差（法1条参照）を前提として制限的に解釈するのが妥当です。たとえば、前掲の「国産イチゴ」のケースで考えてみると、安い理由として賞味期限が間近であることや傷みが生じているケースなどは想像できるところですが、事業者がそのような理由を説明していないのであれば、一般消費者としてはそのような事情はないと通常考えるものといえるでしょう。

　「故意又は重大な過失によって」のうち、「故意」とは、「当該事実が当該消費者の不利益となるものであることを知っており、かつ、当該消費者が当該事実を認識していないことを知っていながら、あえて」という考え方もありますが、当該消費者に不利益な事実が存在することの認識で足りると考えるべきです。「重大な過失」（以下、「重過失」といいます）とは、失火責任法にいう「重過失」の意義を述べた判例（最高裁昭和32年7月9日判決・民集11巻7号1203頁）によれば、「僅かの注意をすれば容易に有害な結果を予見することができるのに、漫然と看過したというようなほとんど故意に近い著し

い注意欠如の状態をいう」とされています。しかし、この解釈はあまりに限定的にすぎ、せっかく法改正により「故意」のほか、「重過失」の場合でも契約の取消しができるとしたにもかかわらず、救済の範囲が法改正前とほとんど変わらなくなってしまう可能性があります。したがって、消費者保護の観点からは、そのような厳格な要件を設定するべきではなく、たとえば、当然調査をしてしかるべきであるのにそれを怠ったような場合など、「事業者の立場において要求される注意を著しく欠いたこと」をもって「重過失」を認めるべきと考えられます。

　重過失により事業者が消費者に対し不利益な事実を告げなかった場合としては、事業者も重過失により不利益な事実を知らなかった場合が考えられます。また、これ以外にも、事業者は不利益な事実を知っていたが、重過失により消費者も不利益な事実を認識していると判断した場合や、重過失により消費者にはこれを告げる必要はないと判断した場合なども考えられます。

　なお、重過失の有無の立証責任は消費者が負担することになります。具体的には、事業者の重過失を基礎づける客観的事情を立証することになりますが、実務的には、利益事実が具体的で不利益事実との関連性が強い場合は、利益の告知それ自体が重過失を基礎づけるものとして評価できると考えられます（具体的なあてはめについては、後記 **3** 参照）。

(5)　誤認による意思表示（因果関係）

　事業者の不利益事実の不告知により消費者が誤認し、その結果意思表示をしたという二重の因果関係が必要です。そして、この場合の「誤認」とは、事業者の不利益事実の不告知により、消費者が当該消費者の不利益となる事項が存在しないであろうという認識を抱くことをいいます。

3　設問の場合

　設問の場合、相談者は、不動産販売業者からは「隣地は駐車場で、天気がよければ富士山も見えるなど眺望・日照がよい」という（相談者にとって）

利益となる事実の説明を受けましたが、その１年後に隣地に高層マンションが建設され、眺望・日照が遮られるという不利益な事実の説明は受けていません。そのため、相談者は、「隣地に建物ができて眺望・日照は遮られないだろう」という認識を抱き、戸建て住宅の売買契約の意思表示をしているので、事業者の不利益事実の不告知により誤認をしたといえます。また、隣地に高層マンションが建つことがわかっていれば住宅を購入しなかったのですから、誤認と意思表示との間の因果関係も認められます。

　そして、不動産販売業者が、１年後に隣地に高層マンション建設計画があることを知っていながら、これを説明していなかった場合、不利益となる事実を「故意に」告げていないといえます。

　また、不動産販売業者が高層マンションの建設計画を知らなかったとしても、隣地は「駐車場」であるところ「駐車場」は未来永劫駐車場のままであるということはなく、用途地域の区分にもよりますが、住宅やマンション等の建造物が建つことなどで景観が変わる可能性は十分にあり得るのですから、それを説明しないで「天気がよければ富士山も見えるなど眺望・日照がよい」とだけ説明するのはそれ自体「重大な過失」があるといえます。

　以上より、法４条２項の要件に該当するので、相談者は契約を取り消すことができます。

Q12 断ってもしつこく勧誘されて契約してしまった場合、契約を取り消すことはできるか

> 突然かかってきた電話で、簡単な副業についての無料セミナーだと誘われました。試しに行ってみると貸会議室での無料セミナーの後、個室に呼ばれ、数人に囲まれて午後3時から午後11時まで、有料会員についての勧誘を受けました。何度断ってもしつこく勧誘されて、帰してもらえない状況の中で、やむなく契約書にサインしてしまいました。契約を取り消すことはできないのでしょうか。

▶▶▶ Point
① 消費者契約法は、威迫・困惑類型による不当勧誘行為として不退去・退去妨害を定めています。
② 不退去・退去妨害により困惑して契約した場合、消費者は、その意思表示を取り消すことができます。

1 はじめに

　事業者が消費者に対し、契約の締結の勧誘をするに際し、消費者の住居等から退去せず（不退去）、あるいは一定の場所から消費者を退去させなかった（退去妨害）結果、消費者が契約を締結させられる場合があります。このような場合、民法の強迫（同法96条1項）が成立すれば、消費者はその意思表示を取り消すことができます。しかし、民法の強迫が成立しないとしても、不退去や退去妨害によりなされた契約の意思表示の瑕疵は重大ですので、消費者はその意思表示の効力を否定できるとするのが妥当です。そこで、消費者契約法は、事業者の不退去や退去妨害という不当勧誘行為により

契約をさせられた消費者に対し、その意思表示を取り消すことができることとしました（法4条3項1号・2号。取消しの効果についてはQ26参照）。

② 退去妨害による困惑取消し

(1) 退去妨害

退去妨害とは、事業者が消費者契約の締結に係る勧誘をしている場所から消費者が退去する旨の意思表示をしたにもかかわらず、その場所から消費者を退去させない場合をいいます（法4条3項2号）。

「勧誘をしている場所」は、事業者が勧誘をしている場所であれば足り、路上もこの要件に該当します（「勧誘」についてはQ6参照）。

「退去する旨の意思表示」は、社会通念上、退去する意思を示したと評価できれば足り、「帰ります」などと直接表示した場合に限られません（〔図表6〕参照）。

〔図表6〕退去・不退去の意思表示がされたと評価される場合

	退　去	不退去
時間的余裕がない旨の告知	「時間がない」「別の場所で用事がある」など	「時間がない」「今取り込み中」など
契約締結をしない旨の明確な告知	「要らない」「結構です、お断りします」など	「要らない」「結構です、お断りします」など
口頭以外の手段による意思の明示	出口に向かう、手を振りながら立ち上がるなど	手振りで帰ってくれという動作をするなど

「退去させないこと」とは、勧誘場所から消費者が退去・脱出することを困難にする行為をいいます。その方法は、物理的な方法であるか心理的な方法であるかを問いません（前者については、たとえば、業者が消費者の周囲を囲んで勧誘をする場合など。後者についてはQ27参照）。また、拘束時間の長短も問いません。なお、退去を不可能もしくは著しく困難にされる必要まではないとされています。

(2)　消費者の困惑

　事業者の退去妨害行為により消費者が困惑したことが必要です。「困惑」とは、精神的に自由な判断がしにくくなる心理状態をいい、畏怖（おそれおののくこと）も含む広い概念です。元々、退去妨害は消費者を威迫し困惑させる行為として類型化されたものですので、退去妨害があれば、消費者の困惑は事実上推定されると考えるべきです（なお、「困惑」概念については、平成30年法改正により、その内容について変遷があるといわれています。詳しくはQ13参照）。

(3)　二重の因果関係

　退去妨害による困惑取消しが認められるためには、事業者の退去妨害により消費者が困惑し、それにより契約の意思表示をしたことが必要となります（二重の因果関係。退去妨害→困惑→意思表示という二重の因果関係が必要）。

　したがって、最終的に納得して契約した場合は、困惑したために契約したとはいえず、取消しは認められません。ただし、消費者が最終的に納得したという事実は事業者が立証すべきです（大分簡裁平成16年2月19日判決・判例集未登載）。

③　不退去による困惑取消し

(1)　不退去

　不退去とは、事業者に対し、消費者が、その住居またはその業務を行っている場所から退去すべき意思表示をしたにもかかわらず、（事業者が）それらの場所から退去しない場合のことです（法4条3項1号）。

　「当該事業者」は、一般的には契約締結を勧誘している事業者を指すと考えられますが、契約当事者たる事業者と勧誘者たる事業者とが異なる場合、両者を含めて考えるべきです。

　その住居またはその業務を行っている場所とは、消費者がその公私にわたり生活に用いている家屋等の場所をいいます。そのうち、「その住居」は、

狭い意味での住居や居所に限られず、消費者の私生活が平穏に営まれている場所のことです。また、「その業務を行っている場所」は、消費者が労働を行っている場所に限られず、社会生活上の地位に基づき反復継続して行う意思をもって行われる事務がなされている場所のことです（大学の教室も大学生が業務を行っている場所に該当します）。

「退去すべき旨の意思を示した」とは、社会通念上、退去する意思を示したと評価できれば、退去の場合と同様、黙示的であってもよく、「帰ってくれ」などと直接表示した場合に限られません（〔図表6〕参照）。

「それらの場所から退去しないこと」とは、その住居等から退去しないことで、速やかに退去しなかったという事実があれば足り、滞留時間の長短を問いません。

(2) 消費者の困惑・二重の因果関係

事業者の不退去により消費者が困惑し、それにより消費者が契約の意思表示をしたという二重の因果関係が必要なことは退去妨害と同じです。

4 設問の場合

設問の場合、相談者は、個室に呼ばれ、数人に囲まれて午後3時から午後11時まで、断ってもしつこく有料会員への勧誘をされて、退去の意思表示をしたにもかかわらず帰してもらえない状況の中で、やむなく契約書にサインをしています。よって、退去妨害により困惑して契約をしたといえ、法4条3項2号により契約を取り消すことができます。また、簡単な副業についての無料セミナーだと誘われ、指定された場所で有料会員契約を締結させられています。これは、特定商取引法の訪問販売にあたり（販売目的隠匿型アポイントメントセールス。特定商取引法2条2項、特定商取引法施行令1条1号。詳細は特商法Q＆AのQ7参照）、要件を満たせば、クーリング・オフにより契約をキャンセルすることもできます。

Q13 事業者から不安をあおられて締結してしまった場合、契約を取り消すことはできるか

> 　就職に少し不安があり、無料のセミナーをいくつか受けました。後日、受講したセミナーの主催者から電話があり、個別相談に乗るということで会うことにしました。個別相談では、「決断力が足りない」、「このままではあなたは成功しない」と言われ、就職に不安を抱きました。結局、勧められるまま、有料講座の受講契約にサインしました。この契約を取り消すことはできるでしょうか。

▶▶▶ Point

①　合理的な判断をすることができない消費者の事情を、事業者が不当に利用して契約を締結させるという「つけ込み型不当勧誘」の規定が平成30年法改正により新設されました。

②　事業者が、消費者の不安をあおり、合理的な判断ができない心理状態を作り出し、あるいは利用して契約させた場合、消費者は契約を取り消すことができる場合があります。

1 はじめに

　近時、事業者が、消費者の困窮や経験不足、知識不足、判断力不足などの事情で消費者が契約を締結するかどうかについて合理的な判断ができない事情を不当に利用して契約させる「つけ込み型不当勧誘」といわれる消費者被害が増えています。従前は、不法行為（民法709条）や公序良俗違反（同法90条）などの民法の一般規定で救済するほかなかったところであり、十分に対応できる新たな救済規定が必要となっていました。その結果、平成30年法改

正で法4条3項3号から同条6号までの規定が新たに設けられました。

　このうち、法4条3項3号は、消費者の不安をあおり、合理的な判断ができない心理状態を作り出し、あるいは利用して契約する場合についての取消権の規定です（いわゆる「消費者の不安をあおる告知」）。

② 法4条3項3号の要件

　法4条3項3号による取消しが認められるための要件は、消費者の事情に関する要件（要件①）、事業者の不当な利用行為に関する要件（要件②）、困惑に基づく意思表示（要件③）です。

(1)　要件①

(A)　「社会生活上の経験が乏しい」

　社会生活上の経験の積み重ねが、当該消費者契約を締結するか否かの判断を適切に行うために必要な程度に至っていないことを意味します。この要件の有無は、契約目的となるものや勧誘態様などの事情を総合的に考慮して判断されるので、若年者に限られず、中高年、高齢者であっても、社会生活上の経験が乏しいと認められる場合があります。この点、社会生活上の重要な事項について過大な不安を抱いている消費者が、その不安を知る事業者から当該不安をあおる告知をされ、困惑して契約した場合、当該消費者の社会生活上の経験からは、当該契約を締結するか否かの判断が困難であったと事実上推認されると考えるべきです。

(B)　「願望の実現」

　「願望の実現」に関しては、ⓐ社会生活上の重要な事項（例示として、進学、就職、結婚、生計）、ⓑ身体の特徴または状況に関する重要な事項（例示として、容姿、体型）が列挙されています。この上記ⓐ、ⓑに関して、将来の状況を現在よりよい状態にしたい、将来の状況を現在より悪い状態にしたくない等といった希望や心情を意味します。

(C)　「過大な不安」

「過大な不安」とは、消費者の誰もが抱くような漠然とした不安ではなく、一般的・平均的な消費者に比べて不安を抱いていることをいいます。

(2)　**要件②**

(A)　「知りながら」

「知りながら」とは、当該消費者が過大な不安を抱いていることを事業者が認識していることを意味します。認識があったか否かは、客観的な事実関係から推認して認定されます。たとえば、事業者が消費者の過大な不安を作出した場合、事業者の認識は当然に推認されることになります。また、事業者の勧誘行為の中で、当該契約を締結すれば不安が解消されるといった趣旨の勧誘文言等があれば、やはり認識は推認されることになります。

(B)　「不安をあおり」

「不安をあおり」とは、消費者に将来生じる不利益を強調して告げる場合等を意味します。不安をあおる行為と、当該契約が願望を実現するために必要である旨を告げることが必要ですが、それらは一体の行為としてとらえられれば足り、別々の行為である必要はありません。なお、法4条3項3号は、事業者の勧誘行為とは無関係に、元々消費者が不安を抱いていた場合（非作出型）を予定するかのような法文となっていますが、勧誘行為の当初には存在しなかった消費者の不安を惹起させる場合（作出型）も含むものです。

(C)　「裏付けとなる合理的な根拠がある場合その他の正当な理由がある場合でない」

「正当な理由がある場合」とは、消費者が自由な判断ができない状況に陥らせるおそれが類型的にない場合であることを意味します。「その他の」という字句で明確にされているとおり、「裏付けとなる合理的な根拠がある場合」とはあくまで例示にすぎません。

統計資料などの客観的な裏付資料に基づく数字を根拠とする場合や、科学的根拠に基づく事実の場合、客観的に合理的な経験則に基づく場合などは、

正当な理由があることになり、法4条4項3号の取消しはできません。

(3)　要件③

「困惑」とは、精神的に自由な判断ができない状態（合理的な判断ができない心理状態）をいいます。

従来の法4条3項1号・2号（不退去、退去妨害）は、事業者の行為によって困るという心理状態でしたが、平成30年改正で新設された3号は、事業者の勧誘行為とは無関係に、元々消費者が不安を抱いていた場合（非作出型）を含むとされています。このように「困惑」は、困り惑うという字句にも限定されず、つけ込み型勧誘すなわち合理的な判断をすることができない事情を不当に利用された状況を広く含む概念として理解されます。

③　設問の場合

相談者は、当初は過大な不安はなかったかもしれませんが、その後の「決断力が足りない」、「このままではあなたは将来成功しない」といった事業者の告知により消費者に過大な不安が作出されています。

また、事業者は、当該有料講座を受講することが将来の就職に必要と言って勧誘をしていますが、科学的な根拠や客観的に合理的な経験則がないのであれば（通常はないでしょう）、正当な理由がある場合には該当しません。

そうすると、設問では、消費者の事情である、社会生活上の経験が乏しいことから就職に関する願望実現に過大な不安を抱いていることが認定され、かつ、事業者の不当な利用行為、すなわち、消費者の当該不安を知りながら、その不安をあおり、願望実現のため必要である旨告げたことが認定される場合、当該勧誘行為によって消費者が意思表示したものであれば、「困惑」して意思表示をしたものと認定されることになります。

よって、設問では不安をあおる告知が行われたものとして、法4条3項3号イによる取消しが認められます。

Q14 事業者が消費者の判断力低下に乗じて不安をあおり契約させた場合、契約を取り消せるか

> 　高齢の父が一人暮しをしていますが、最近は物忘れも激しくなってきて心配していました。そのような中、先日、父が、投資用マンションの勧誘を受けて契約してしまったようです。父が言うには、事業者から「今のような生活を続けていくためには、定期収入が必要であり、投資用マンションが必要」といった勧誘を受け、不安になって契約をしたとのことでした。契約を取り消すことはできるでしょうか。

▶ ▶ ▶ Point

① 　合理的な判断をすることができない消費者の事情を、事業者が不当に利用して契約締結させるという「つけ込み型不当勧誘」についての規定が平成30年法改正により新設されました。

② 　事業者が、消費者の不安をあおり、合理的な判断ができない心理状態を作り出し、あるいは利用して契約させた場合、消費者は契約を取り消すことができる場合があります。

③ 　法4条3項3号と、5号の関係は、5号は不安をあおられた高齢者等に消費者取消権が認められることを確認的に追加したと位置づけることができ、3号との重畳的な適用も可能です。

1 はじめに

　すでにQ13で解説したとおり、近時、「つけ込み型不当勧誘」といわれる消費者被害が増えています。特に社会の高齢化が進んだことから高齢者の被害相談が増えていました。

そこで、平成30年法改正では、法４条３項３号から６号までの規定が新たに設けられることになりました。

法４条３項５号は、加齢または心身の故障による判断力の低下により生活の維持に過大な不安を抱いている消費者に対し、事業者が、その事実を知りつつ不安をあおり、不安の解消に消費者契約が必要であると告げ、合理的な判断ができない心理状態に陥った消費者に消費者契約を締結させた場合についての取消権の規定です。以下、要件について確認していきます。

② 法４条３項５号の要件

法４条３項５号による取消しが認められるための要件は、消費者の事情に関する要件（要件①）、事業者の不当な利用行為（要件②）、困惑によって意思表示をしたこと（要件③）です。

(1)　要件①

(A)　「加齢又は心身の故障により」

「加齢」とは、年齢の増加をいいます。「心身の故障」とは、精神的または身体的な疾病や故障をいい、年齢とは関係がありません。例としてはうつ病などがあげられます。

(B)　「その判断力が著しく低下していることから」

「判断力」とは、消費者契約の締結を適切に行うために必要な判断力をいいます。「著しく低下している」とは、加齢または心身の故障によって前記判断力が、一般的・平均的な消費者に比べて大きく低下している状況をいいます。なお、「著しく」という要件は、判断力がわずかしか低下していない場合を除くという趣旨です。この要件は厳格に解釈してはならないとされています（参議院消費者問題に関する特別委員会（平成30年５月30日）における答弁参照）。

(C)　「生計、健康その他の事項に関しその現在の生活の維持に過大な不安を抱いていること」

生計、健康は例示であり、その他の事項には、人間関係など、生活を維持

するために必要な事項が広く含まれます。

「過度な不安」とは、消費者の誰もが抱くような漠然とした不安ではなく、一般的・平均的な消費者に比べて不安を抱いていることをいいます。当該消費者が、通常よりは大きい心配をしている心理状態であればこれに該当します。また、「現在の生活の維持」に関する不安については、現在の生活が維持できない、悪くなるのではないかという不安に限定されず、将来の生活が思い描いているようなよいものにならないのではないかという不安も含みます。

(2)　要件②

(A)　「知りながら」

「知りながら」とは、当該消費者が過大な不安を抱いていることを事業者が認識していることを意味します。認識があったか否かは、民事訴訟においては、客観的な事実関係から推認して認定されることになります。その際の考え方は法4条3項3号の不安をあおる告知と同様です（Q13参照）。

(B)　「その不安をあおり」

「その不安をあおり」とは、不安をあおる行為と当該契約を締結しなければ現在の生活の維持が困難になる旨を告げる行為は一体の行為としてとらえれば足り、別々の行為である必要はなく、不安が事業者の行為によるものか否かも問いません（Q13参照）。

(C)　「裏付けとなる合理的な根拠がある場合その他の正当な理由がある場合でないのに、当該消費者契約を締結しなければその現在の生活の維持が困難となる旨を告げること」

法4条3項3号の不安をあおる告知と同様です（Q13参照）。

(3)　要件③

「困惑」とは、精神的に自由な判断ができない状態（合理的な判断ができない心理状態）をいいます（Q13参照）。

そして、その困惑に基づいて意思表示をすることが必要です。

③　設問の場合

　設問では、相談者の父は、高齢で、最近は物忘れも激しくなっていることから、加齢により判断力が著しく低下している場合に該当します。また、定期収入という生計に関して現在の生活の維持に不安を抱いていますから要件①は満たします。

　さらに、設問では、「今のような生活を続けていくためには、定期収入が必要であり、投資用マンションが必要」と言って当該契約を勧誘する行為によって過大な不安が作出されている事案といえ、事業者の認識は認定され、かつ消費者の不安をあおったと評価できます。また、設問では、投資用マンションを購入しなければ、今のような生活を続けていくのは困難と言って勧誘していますが、投資用マンションを購入しても、購入費用の出費・維持費等の経費を考慮すると、生活を成り立たせるのに十分な定期収入になるという説明は合理的な経験則がないといえ、正当な理由がない場合がほとんどでしょう。したがって、要件②も満たします。

　そして、不安によって精神的に自由な判断ができない状態（合理的な判断ができない心理状態）により契約をしていますので、要件③も満たします。

　よって、設問の契約は法４条３項５号により取り消すことができます。

　なお、元々「判断力が著しく低下していることから」現在の生活の維持に不安を抱いた場合であっても、同項３号の不安をあおる告知の類型に含まれます。ただ、同項３号にある「社会生活上の経験が乏しい」という文言が、一見すると、若年者にしか該当しないかのような誤解を招くおそれがあったことから、確認的な意味で同項５号が設けられました。

　したがって、同項５号に該当する行為は、同項３号にも該当することとなり、両者の規定は重畳適用されるので、消費者は同号を理由とする取消しも可能です。

Q15 霊感商法によって契約を締結させられた場合、契約を取り消すことはできるか

> 最近よくないことばかり続いたので、広告で見つけた占い師に相談に行きました。その人は有名な神社に縁のある霊能力者らしく、私のことを見るなり「あなたにはとても悪い霊がついています。このままではあなたや家族の健康も危ない。この悪霊除けの数珠を身に付けたほうがよい」と言われました。50万円もする数珠でしたが、私は不安になり購入しました。このような場合、契約を取り消すことは可能でしょうか。

▶ ▶ ▶ Point

① 消費者契約法に合理的な判断をすることができない消費者の事情を、事業者が不当に利用して契約締結させるという、「つけ込み型不当勧誘」の規定が平成30年法改正により新設されました。

② 事業者が、消費者の不安をあおり、合理的な判断ができない心理状態を作り出し、あるいは利用して契約させた場合、消費者は契約を取り消すことができる場合があります。

③ 法4条3項3号と、6号の関係は、霊感商法といった悪徳商法で不安をあおられた消費者に取消権が認められることを確認的に追加したと位置づけることができ、3号との重畳的な適用も可能です。

1 はじめに

法4条3項6号は、3号の不安をあおる告知、5号の判断力の低下の不当な利用と同様、「つけ込み型不当勧誘」の一類型です。同項3号にある「社

会生活上の経験が乏しい」という文言が、一見すると、若年者にしか該当しないかのような誤解を招くおそれがありました。そのため、確認的な意味で置かれたのが同項6号の規定です。

　したがって、同号に該当する行為は、同項3号にも該当することとなり、両者の規定は重畳適用され、消費者はどちらを理由とする取消しも主張できます（Q13～Q15の適用条文の整理は〔図表7〕参照）。

〔図表7〕各設問と適用条文のまとめ

	若年者（Q13）	中高年（Q14）	霊感商法の被害者（Q15）
法4条3項3号	○	○	○
法4条3項5号		○	
法4条3項6号			○

2　消費者の事情

　法4条3項6号の適用にあたり、消費者側の事情は問題となりません。

　同号における事業者の行為は、勧誘の態様として類型的に不当性が高いといえます。そのため、消費者が実際に不安を抱いていたことは要件とされていません。また、消費者の不安が要件となっていない以上、事業者の認識も要件とされません。

3　法4条3項6号の要件

　法4条3項6号の要件は大きく2つに分けることができます。

　「霊感その他の合理的に実証することが困難な特別な能力による知見として、そのままでは当該消費者に重大な不利益を与える事態が生ずる旨を示してその不安をあおり、当該消費者契約を締結することにより確実にその重大な不利益を回避することができる旨を告げること」（要件①）と、「消費者が、事業者の行為により困惑し、それによって当該消費者契約の申込み又は

承諾の意思表示をしたこと」（要件②）です。

　なお、前述したとおり、主観面に関する要件は不要ですし、法4条3項6号は、そもそも合理的に実証することが困難な特別な能力による知見として、という前提があるため、同項3号や5号とは異なり、「正当な理由がある場合でないのに」の要件も不要です。

(1)　要件①

　(A)　「霊感その他の合理的に実証することが困難な特別な能力による知見として」

　「霊感」とは、除霊、災いの除去や運勢の改善など超自然的な現象を実現する能力です。霊感以外でも「合理的に実証することが困難な特別な能力」は法4条3項6号の対象となり、超能力や占い（四柱推命、星座占い、タロットカードなど）なども該当します。

　(B)　「そのままでは当該消費者に重大な不利益を与える事態が生ずる旨を示してその不安をあおり」

　「不利益」とは、消費者に損害、損失が生じることをいいます。積極損害のみならず消極損害も含みます。「重大な」という要件は、取消権を付与する場合を、救済が必要な場合に限定するとともに、事業者の不当性を基礎づけるものです。

　「不利益」の内容は、財産上のものに限定されません。健康を損なう、不幸になる、といった漠然としたものでも、個別具体的事情により、当該消費者に対し重大な不利益を伝えたとみることができる場合には、これに該当します。また、不利益が直接自分ではなく家族に関するものであっても該当します。

　「不安をあおり」とは、重大な不利益を与える事態が生ずる旨を示すという事業者の行為態様を意味し、消費者が実際に不安を抱いたことは不要です。

(2) 要件②

「困惑」は、精神的に自由な判断ができない状態（合理的な判断ができない心理状態）をいいます。法4条3項3号の不安をあおる告知と同様です。そして、困惑により意思表示をした、すなわち、因果関係が必要となります（Q13参照）。

4 設問の場合

設問は、占いであり、合理的に実証することが困難な特別な能力による知見に該当します。また、「あなたにはとても悪い霊がついています。このままではあなたや家族の健康も危ない」と不安をあおる内容が告げられています。したがって、要件①を満たします。

そして、不安になり、精神的に自由な判断ができない状態（合理的な判断ができない心理状態）に陥った結果、数珠を購入しているので要件②も満たします。

したがって、法4条3項6号による取消しが認められますし、加えて、同項3号（Q13参照）による取消しが認められるでしょう。

Q16 いわゆるデート商法によって契約を締結させられた場合、契約を取り消すことはできるか

婚活サイトで知り合った男性と、毎日のように SNS でやりとりするようになり結婚も近いと感じていました。ある日、彼から、「自分が働いている会社で投資用マンションを扱っているが、一度会社で話を聞かないか」と誘われました。その後、彼の会社で上司から勧誘を受けたのですが、悩んでいたところ、彼から「どうして迷うの？　2人の将来のこと真剣に考えていないの？」などと不機嫌そうに言われました。私はマンションを購入しなければ彼に嫌われてしまうのではないかと考え、結局、購入してしまいました。ところが、その後、彼とは連絡がとれなくなってしまいました。マンション購入の契約を取り消せるでしょうか。

▶ ▶ ▶ Point

① 「つけ込み型不当勧誘」事案として恋愛感情等に乗じた「人間関係の濫用」という行為態様についての消費者取消権が平成30年法改正により新設されました。

② 事業者が、恋愛感情等に乗じた人間関係の濫用により消費者を困惑させて契約させた場合、消費者は、その意思表示を取り消すことができます。

1 法4条3項4号の趣旨

平成30年法改正の背景として、「男性から電話があり、何度か電話するうちに好きなり、思いを伝えた。男性から誘われ宝石展示場に行ったところ、『買ってくれないと関係を続けられない』と言われて契約を締結した」とい

うような、事業者が消費者のみが勧誘者に対し有している恋愛感情等につけ込んで、消費者が困惑し、自由な判断ができない状況に陥っていることを利用し、契約を締結させるといういわゆる「デート商法」、「恋人商法」の事案の発生がありました。このような消費者被害の救済については、これまでは公序良俗違反による無効（民法90条）や不法行為に基づく損害賠償請求（同法709条）といった一般規定に委ねられてきました。もっとも、これらの規定では、どのような場面に適用できるのかが必ずしも明確ではありませんでした。そこで、消費者が、社会生活上の経験が乏しいことから、勧誘者に対して恋愛感情その他の好意の感情を抱き、かつ、勧誘者も当該消費者に対して同様の感情を抱いているものと誤信しているという、いわば片面的な人間関係を事業者が不当に利用するなどの行為により、望まぬ契約を締結させられた場合に取消しを認める規定が設けられました（法4条3項4号）。

2　法4条3項4号の要件

法4条3項4号による取消しが認められるための要件は、次の(1)から(4)です。

(1)　「社会生活上の経験が乏しいことから」

「社会生活上の経験」とは、社会生活上の出来事を、実際に見たり、聞いたり、行ったりすることで積み重ねられる経験全般のことをいいます。そして、社会生活上の経験の積み重ねが当該消費者契約を締結するか否かの判断を適切に行うために必要な程度に至っていないことが「社会生活上の経験が乏しい」の中身です（適用対象者が若年者に限定されないことや、「社会生活上の経験が乏しい」ことの認定の仕方についてはQ13参照）。

(2)　「恋愛感情その他の好意の感情を抱き」

恋愛感情は例示であり、恋愛感情のように勧誘者への感情が一般的な他者への感情を超えた親密なものであれば足ります。恋愛感情以外の感情を利用された事案については、Q17で解説します。

⑶ 「同様の感情を抱いているものと誤信していることを知りながら」

「同様の感情」とは、消費者の好意と同一である必要はなく、相応する感情であれば足ります。

いわゆるデート商法といった事例は、消費者は勧誘者に対し恋愛感情等の好意の感情を抱いていますが、勧誘者は消費者に対し外観上は、消費者と同様の感情を抱いているように見せかけながら、真実は勧誘行為の一環として消費者に接近するという片面的な人間関係を利用することに特徴があります。したがって、消費者が勧誘者も「同様の感情」を抱いていると誤信していること、および消費者が勧誘者に好意の感情を抱き、勧誘者も同様の感情を抱いていると誤信していることについて事業者が認識していたことを必要とします。

なお、この「誤信」については、たとえば、勧誘者が今後の交際の実現等を匂わせるような言動をとり、消費者が勧誘者との今後の交際の実現等を期待する状況にあったといえれば、この要件を満たすと考えるべきでしょう。

⑷ 「これに乗じ、当該消費者契約を締結しなければ当該勧誘を行う者との関係が破綻することになる旨を告げること」

「これに乗じ」とは、消費者が勧誘者に好意の感情を抱き、勧誘者も同様の感情を抱いていると消費者が誤信している状態を利用することです。

「関係が破綻することになる旨を告げること」とは、人間関係が綻びる、悪化することを伝えることであり、人間関係が終了することまでは必要としません。そして、伝える方法も、口頭のみならず、書面や、黙示の動作なども含まれます。また、「旨」とされていることからも明らかなとおり、直接関係が破綻するような言い方をした場合に限られません。実際、思わせぶりな言動や所作で「今までの関係を続けられないかもしれない」、「もっと関係をよくしたい」と思わせ、合理的な判断ができない心理状態にされる事案が多くみられます。「契約しなければ、今のような関係は継続できないかもしれない」旨が明示または黙示に示されたと評価できるような場合は、本要件

を満たすと考えるべきでしょう。

(5)　「困惑」して契約の申込みまたは承諾の意思表示をしたこと

　法4条3項4号との関係でいえば、「契約すれば関係を維持できる」といった錯覚ないし幻惑された心情に陥っていれば、「困惑」要件を満たすと考えることができます（「困惑」についてはQ13参照）。

③　設問の場合

　相談者は、婚活サイトで出会った男性とやりとりする中で、「結婚も近い」と感じていたのですから、二人は結婚を意識させるようなやりとりをしていたものと思われます。そうすると、相談者は、男性に対し恋愛感情を抱き、男性も相応の感情を抱いていると誤信していたものと思われます。相談者は、男性の会社に行って、投資用マンションの勧誘を受けている中で、男性から「どうして迷うの？　2人の将来のことを真剣に考えていないの？」などと不機嫌そうに言われ、マンションを購入しなければ男性に嫌われてしまうのではないかと考えたのですから、男性のこの言動は、契約を締結しなければ二人の関係が悪化することを暗に伝えていたといえます。また、男性も男性の上司も、相談者の男性に対する「好意の感情」や男性が同様の感情を抱いているものと相談者が「誤信」していることを認識しており、会社が、相談者のこのような状態を利用してマンションを購入させていたという事実が認められる場合には、「乗じた」といえます。なお、相談者にこのような「人間関係の濫用」を利用して契約の締結を勧誘されるという経験は通常なく、相談者がそれまで積み重ねてきた社会経験からは対応することが困難であることが事実上推定され、「社会生活上の経験が乏しいことから」という要件にも該当します。

　そして、相談者は、男性のこのような言動を受けて、困惑しつつも契約を締結しているので、法4条3項4号より契約を取り消すことができます。

Q17 サークルの先輩・後輩関係等を利用して契約を締結させられた場合、契約を取り消せるか

　大学で同じサークルに所属する先輩から、簡単にもうかる投資システムがあるという話をもちかけられ、「その投資をするためには DVD を購入する必要があるが、すぐに元を取れてもうかる」などと勧誘されました。怪しいと思ったのですが、先輩から「俺とお前の仲だろう」、「俺が信用できないのか」と言われ、結局 DVD を購入してしまいました。ところが、後で他の友達から、私の入っていたサークルは、昔から先輩が後輩に怪しい商品やサービスの勧誘をすることで有名らしいと教えられ、最初から騙されていたと気づきました。このような場合に契約を取り消すことができるのでしょうか。

▶▶▶ Point

① 消費者契約法は、「つけ込み型不当勧誘」事案として「人間関係の濫用」という行為態様についての消費者取消権を定めています。

② 事業者が、勧誘行為前からの人間関係を利用し、消費者を困惑させて契約をさせたのであれば、消費者は、その意思表示を取り消すことができます。

1 はじめに

　設問では、同じサークルの先輩が、その立場を利用して、後輩に DVD を売りつけた行為が、消費者が、社会生活上の経験が乏しいことから、勧誘者に対して恋愛感情その他の好意の感情を抱き、かつ、勧誘者も当該消費者に対して同様の感情を抱いているものと誤信しているという、いわば片面的な

人間関係を事業者が不当に利用するなどの行為に該当し、意思表示の取消しが認められるかどうかが問題となります（法4条3項4号）。以下、設問で特に問題となる要件について詳しく解説します。なお、設問で特に取り上げていない要件の解説については Q16を参照してください。

② 「恋愛感情その他の好意の感情」

「恋愛感情」とは、他者を恋愛の対象とする感情をいいます。「好意の感情」とは、他者に対する親密な感情をいいます。恋愛感情のように勧誘者への感情が一般的な他者への感情を超えた親密なものであれば足り、たとえば、親しい友人、同じサークルの先輩・後輩、実の親子・兄弟のように付き合っている関係など、あらゆる人間関係における上記のような親密な感情を広く含みます。

また、人間関係において断り切れない等の状況を利用して契約を締結させる事案について取消権を認めた法4条3項4号の制度趣旨から（改正の経緯や趣旨は Q16を参照）、事業者や勧誘者が「好意の感情」を作出させたものである必要はありませんし、勧誘前から存在する人間関係を濫用する場合でも適用されます。ただし、法4条3項4号の制度趣旨は、片面的な人間関係を事業者が濫用するような場合に意思表示の取消しを認めるものですので、誤信の対象となる片面的な人間関係は必要となります。

③ 「同様の感情を抱いているものと誤信」

「同様の感情」とは、消費者の好意の感情と同一である必要はなく、消費者の感情に相応する程度の感情であれば足ります。たとえば、親が子に対する感情と子が親に対する感情や、後輩が先輩に抱く感情と先輩が後輩に抱く感情は、同一の感情ではありませんが、相互に対応する感情ですので、「同様の感情」に該当します。

なお、本要件の「誤信」の認定については、勧誘者から、消費者の好意の

感情に対応する感情が外観上表示されることなどにより、その外観を消費者が信頼し、勧誘者がそのような感情を真に抱いていると信じたという状況に該当すれば「誤信」の存在を認めてよいといえるでしょう。

4 「当該勧誘を行う者との関係が破綻することになる旨を告げること」

デート商法等では、直接的な物言い（たとえば「契約をしなければ人間関係が終わる」など）よりも、思わせぶりな言動や所作などで、消費者に「これを買わないと彼との関係が悪くなってしまうかもしれない」、「むしろ契約することで関係をよくしたい」と思わせて、合理的な判断ができない心理状態にする事案が多くみられます。したがって、「当該勧誘を行う者との関係が破綻することになる旨を告げること」という要件は、思わせぶりな言動や所作などから実質的に考えて、「契約しない場合には、今のような関係は継続できないかもしれない」旨を明示または黙示に示されたと評価できる場合には該当するといえます。

5 設問の場合

相談者は、大学で同じサークルに所属する先輩から勧誘されています。大学の同じサークルの先輩から勧誘を受けるというのは、相談者が積み重ねてきた社会経験では対応することは困難といえるので「社会生活上の経験が乏しいことから」との要件を満たすことになります。

次に、大学でのサークルにおける先輩と後輩という関係は、相談者から勧誘者への感情が一般的な他者への感情を超えた親密な感情に該当するといえます。この感情は、勧誘者である先輩自身が作出する必要はなく、先輩・後輩という勧誘行為前から存在する関係を利用するものでも足ります。したがって、「当該消費者契約の締結について勧誘を行う者に対して恋愛感情その他の好意の感情を抱き」という要件も満たすことになります。

　そして、勧誘者である先輩から相談者である後輩に対する感情は、相談者である後輩から勧誘者である先輩に向けられる感情と、相互に対応する感情にあたるといえます。そして、勧誘者は、相談者に対して「俺とお前の仲だろう」、「俺が信用できないのか」とサークルでの先輩・後輩という人間関係における感情を外観上表示していますので、このような外観を信頼した相談者は、勧誘者も相談者に対して同様の感情を抱いていると信じています。そのため、「当該勧誘を行う者も当該消費者に対して同様の感情を抱いているものと誤信」も認められます。

　さらに、設問のサークルは、昔から先輩が後輩に怪しい商品やサービスの勧誘をすることで有名なところということですので、それを裏付ける過去の被害例や、実際に先輩から相談者に対して送られたメールや前述の言動などから、先輩は、後輩である相談者が、自分に対し、先輩に対する感情と「同様の感情（後輩に対する感情）を抱いているものと誤信していることを知りながら」という要件も満たすことになります。

　最後に、先ほど述べた先輩の言動は、相談者が断った場合は、同じサークル内の先輩・後輩の関係を継続できないと思わせる言動と評価できますので、上記の事実を「知りながら、これに乗じ、当該消費者契約を締結しなければ当該勧誘を行う者との関係が破綻することになる旨を告げること」との要件も満たすことになります。

　相談者は、先輩のこのような発言を受けて、困惑しつつも DVD を購入しているので、法４条３項４号により契約を取り消すことができます。

Q18　契約前に強引に作業を進めて契約させられてしまった場合、契約を取り消すことはできるか

> 物干し竿の事業者が「2本で1000円」などとスピーカーで流しながら自宅のそばに来たので声をかけて呼び止めました。すると詳しい説明もないまま「ベランダに併せて調整しますね」と物干し竿を切断され、「この竿はオールステンレスなので2本で6万円です」と請求されました。私は驚いて、「そんなに高額ならいりません」と言ったのですが、「すでに切ってしまったからダメだ！」と凄まれ、やむなく代金を払ってしまいました。返金してもらうことはできますか。

▶▶▶ Point

① 消費者契約法は、事業者が契約締結前に債務の内容を実施して、実施前の原状の回復を著しく困難とし、消費者がそのことにより困惑し、契約を締結してしまった場合に、契約を取り消しうる旨の規定を設けています。

② 設問のように、契約締結前に商品である物干し竿を切断し、購入を迫って締結された売買契約を、消費者は取り消すことができます。

1　法4条3項7号の趣旨

　消費者と事業者が消費者契約を締結する前に、事業者がその契約を締結したならば負うこととなる債務の内容の実施をしてしまった場合、消費者としては、すでに債務の内容が実施されているために、契約を断りにくく感じるのが通常です。このような事業者の行為は、消費者に、もはや契約締結を拒否することはできないという心理的な負担を課し、自由な判断ができない状態にさせて、契約を締結させようとするもので非常に問題です。

そこで、法4条3項7号では、事業者が、契約締結前に債務の内容を実施して、実施前の原状の回復を著しく困難とし、消費者がそのことにより困惑し、結果、契約を締結してしまった場合、消費者はその意思表示を取り消すことができる旨の規定を設けました。

2 契約前の債務の内容の実施

法4条3項7号の要件である事業者の行為が「当該消費者契約を締結したならば負うこととなる義務の内容の全部又は一部を実施し」たといえるか否か、つまり事業者が債務の内容の実施をしたか否かはどのように判断するのでしょうか。

これは、事業者の行為が、「通常」消費者契約を締結したならばその事業者が実施する行為であるか否かなどの事情を考慮して判断します。

法4条3項7号は、契約締結前、すなわち勧誘時点での債務の内容の実施を対象としているところ、勧誘時点では、何が実際に債務の内容となるか不明です。そのため、「実際」に締結された消費者契約の債務の内容を基準とすることは適切ではありません。そこで、「通常」当該事業者が実施する行為を基準とします。

3 原状回復を著しく困難にする

法4条3項7号の要件である「原状の回復を著しく困難にすること」とは、事業者が義務の全部または一部を実施することによって、実施前の原状の回復を物理的または消費者にとって事実上不可能とすることをいいます。この要件に該当するか否かは、一般的・平均的な消費者を基準として社会通念をもとに規範的に判断されますが、物理的に原状回復をすることが可能であっても、そのためには、専門知識・技術や経験、道具等が必要となることもあります。このような場合、一般的な消費者には、原状回復をすることは事実上不可能といえます。よって、原状回復が物理的に不可能な場合のみな

らず、事実上不可能である場合も、当該要件に該当することになります（Q19参照）。また、物理的にも時間的にも原状回復が可能であっても、事業者の威圧的な態度により、消費者にとって原状回復をすることが心理的に困難であった場合、一般的な消費者には、原状回復をすることは事実上不可能といえるので、この要件に該当すると考えられます。

4 設問の場合

　設問の事業者が、商品である物干し竿を切断した行為は、通常、消費者契約を締結した後の引渡しのために事業者が実施する行為です。よって、「当該消費者契約を締結したならば負うこととなる義務の内容」の実施に該当します。そして、オールステンレスの物干し竿を切断前の状態に回復することは物理的に不可能です。よって、「原状の回復を著しく困難にする」に該当します。消費者は、事業者の上記の行為により困惑して契約を締結したものです。

　したがって、法4条3項7号により、契約を取り消すことができます。

Q19 見積りだけのつもりで呼んだ事業者が勝手に作業をした場合、契約を取り消すことはできるか

鍵をなくして、自宅に入れなくなってしまったので、インターネットで調べた業者に来てもらいました。まずは見積だけをお願いするつもりだったのに、勝手に鍵を交換されて、高額の費用を請求されました。おかしいと思いましたが、「今さら払わないと言われても困る」と言われ、怖くなってその場では支払ってしまいました。今から契約を取り消すことはできるでしょうか。

▶ ▶ ▶ Point

① 消費者契約法は、事業者が契約締結前に債務の内容を実施して、実施前の原状の回復を著しく困難とし、消費者がそのことにより困惑し、契約を締結してしまった場合に、契約を取り消しうる旨の規定を設けています。

② 設問のように、見積りのために呼んだだけであったのに、勝手に鍵を交換されたという場合も、消費者は契約を取り消すことができます。

1 法4条3項7号の趣旨

消費者と事業者が消費者契約を締結する前に、事業者がその契約を締結したならば負うこととなる債務の内容の実施をしてしまった場合、消費者としては、事業者が債務の内容の実施をしているため、契約を断りにくく感じることが通常です。このような事業者の行為は、消費者に、もはや契約締結を拒否することはできないという心理的な負担を課しており、自由な判断ができない状態にて契約の締結をすることになるもので非常に問題です。

そこで、法4条3項7号では、事業者が、契約締結前に債務の内容を実施

して、実施前の原状の回復を著しく困難とし、消費者がそのことにより困惑し、結果、契約を締結してしまった場合、消費者はその意思表示を取り消すことができる旨の規定を設けました。

② 契約前の債務の内容の実施

法4条3項7号の要件である、事業者の行為が「当該消費者契約を締結したならば負うこととなる義務の内容の全部又は一部を実施し」たといえるか否か、つまり事業者が債務の内容の実施をしたか否かはどのように判断するのでしょうか。

これは、事業者の行為が、「通常」消費者契約を締結したならばその事業者が実施する行為であるか否かなどの事情を考慮して判断します。

法4条3項7号は、契約締結前、すなわち勧誘時点での債務の内容の実施を対象としているところ、勧誘時点では、何が実際に債務の内容となるか不明です。そのため、「実際」に締結された消費者契約の債務の内容を基準とすることは適切ではありません。そこで、「通常」当該事業者が実施する行為を基準とします。

③ 原状回復を著しく困難にする

法4条3項7号の要件である「原状の回復を著しく困難にすること」とは、事業者が義務の全部または一部を実施することによって、実施前の原状の回復を物理的または消費者にとって事実上不可能とすることをいいます。この要件に該当するか否かは、一般的・平均的な消費者を基準として社会通念をもとに規範的に判断されますが、物理的に原状回復をすることが可能であっても、そのためには、専門知識・技術や経験、道具等が必要となることもあります。このような場合、一般的な消費者には、原状回復をすることは事実上不可能といえます。よって、原状回復が物理的に不可能な場合（Q18参照）のみならず、事実上不可能である場合も、当該要件に該当することに

なります。また、物理的にも時間的にも原状回復が可能であっても、事業者の威圧的な態度により、消費者にとって原状回復をすることが心理的に困難であった場合、一般的な消費者には、原状回復をすることは事実上不可能といえるので、この要件に該当すると考えられます。

4　設問の場合

　設問の場合、事業者が鍵を交換した行為は、通常、消費者契約を締結したならば事業者が実施する行為です。よって、「当該消費者契約を締結したならば負うこととなる義務の内容」の実施に該当します。そして、鍵の交換には、知識や技術、道具が必要であることから、一般的な消費者には、原状回復が事実上不可能といえます。よって、「原状の回復を著しく困難にする」に該当します。相談者は、事業者の上記行為により困惑して契約を締結したものです。

　したがって、法4条3項7号により、意思表示を取り消すことができます。

5　契約成立時期との関係

　一般に、契約は、一方による契約の申込みと相手方による承諾によって成立しますが、設問の場合、相談者は見積りのために事業者を呼んだにすぎませんので、鍵を交換された時点ではいまだ契約は成立していなかったと考えることができます。

　なお、法4条3項7号は、「当該消費者が当該消費者契約の申込み又はその承諾の意思表示をする前」の事業者の行為が、消費者に不当に心理的負担を抱かせ消費者を困惑させて契約を締結させた場合について、意思表示を取り消しうることができるとしています。

6　法4条3項8号との関係

　法4条3項8号も契約締結前に事業者が実施した行為に関する規定を設けていますが、同号では「前号に掲げるもののほか」という要件があります。つまり、同号の適用の対象には同項7号の対象となる行為が含まれないことを意味します。

　したがって、事業者の実施した行為が、義務の全部または一部の実施にあたらない行為であった場合や、義務の全部または一部の実施にあたる行為であった場合でもその原状の回復が著しく困難ではない場合など、同項7号の適用対象とならない場合に、同項8号の適用を考えることとなります。

Q20 契約しないなら手間賃を支払え等と迫られ別契約を締結した場合、契約を取り消すことはできるか

インターネットで廃品回収の見積りを申し込んだところ、事業者が自宅のマンションに来てくれました。ところが、その値段があまりに高額でしたので、断ることにしました。そうしたところ、事業者の態度が豹変し、「呼ばれたから、わざわざやって来たのに。どれだけの手間賃がかかると思っているのか。営業妨害だ」などと言われて、仕方なく廃品回収をお願いしその代金を支払いました。今から契約を取り消すことができるでしょうか。

▶▶▶ Point

① 消費者契約法では、事業者が契約締結をめざした事業活動を実施後、正当な理由がある場合でないのに、その事業活動により生じた損失の補償を請求してきた場合に、契約を取り消しうる旨の規定を定めています。

② 設問のように、事業者が相談者のもとを訪問したことについて「どれだけの手間賃がかかると思っているのか」などと述べることは、事業活動により生じた損失の補償を請求してきた場合であるといえ、相談者は契約を取り消すことができます。

1 法4条3項8号の趣旨

消費者は、事業者が契約締結前に消費者のために実施した行為によって損失が生じたと事業者から告げられることにより、負い目を生じさせられるとともに、当該契約を締結しなければならない状況にあるという心理的負担によって自由な判断ができない心理状態（困惑）に陥って契約に及んでしまい

ます。そこで、法4条3項8号は、消費者契約締結前に事業者が実施した活動に対する損失補償請求をした場合の取消権を設けました。このような同号は、事業者が、消費者の倫理観に働きかけ、消費者を非難し、強引に契約締結を求めることは不当であるとの考え方に基づくものといえます。

2 法4条3項8号の要件

法4条3項8号による取消しの要件は、次の(1)から(4)です。

(1) 「前号に掲げるもののほか」

法4条3項7号も契約締結前に事業者が実施した行為に関する規定を設けていますが、同項8号では「前号に掲げるもののほか」という要件があります。つまり、同号の適用の対象には同項7号の対象となる行為が含まれないことを意味します。

したがって、事業者の実施した行為が、義務の全部または一部の実施にあたらない行為であった場合や、義務の全部または一部の実施にあたる行為であった場合でもその原状の回復が著しく困難ではない場合など、同項7号の適用対象とならない場合に、同項8号の適用を考えることになります。

(2) 「当該消費者契約の締結を目指した事業活動」

事業者が特定の消費者との契約を目的として行う事業活動をいいます。法4条3項8号では、「調査、情報の提供、物品の調達」が規定されていますが、これは例示であって、これらに限定されるものではありません。たとえば、設問のような事業者が相談者の居宅に見積りのために来訪したことも含まれます。これらの活動は、問題となっている消費者契約の締結前にされなければなりません。

(3) 「特別の求めに応じたものであることその他正当な理由がある場合」ではないこと

「特別の求め」とは、消費者の事業者に対する調査等の事業活動の求めが、消費者契約の締結に際して一般的にみられる程度を超え、信義に反する

程度の要求に至ったことをいい、「正当な理由がある場合」とは、当該消費者からの特別な求めに応じた場合と同程度に、事業者による損失補償の請求に正当性が認められる場合をいいます。消費者が消費者契約締結に先立ち契約を締結するか否かの判断のために、事業者に一定の調査活動等を求めることは一般的にみられることから、その程度を越えた場合に事業者が消費者に対して損失補償を求めることは必ずしも不当とはいえません。そこで、このような場合を除外するために、同要件が設けられました。

　このような趣旨からすれば、「正当な理由がある場合」という例外要件は限定的なものといえ、この信義に反する程度の要求は、消費者に何らかの落ち度があるという程度では足りず消費者が事業者からの補償請求を拒否することが信義に反する行為態様であることが必要といえます。すなわち、事業者が違法な行為を行った消費者に対して、法的権利として損害賠償請求ができる程度に至っている場合であることを要するものです。

(4)　「損失の補償を請求する旨を告げる」

　「損失の補償を請求する旨を告げる」とは、事業者が消費者に対して特に実施した行為に係る費用を請求する旨を告げることをいいます。「損失」には交通費等の金銭的なもののほか、時間や労力も含まれます。また、契約締結により、当該事業活動による損失は補填されることから、契約締結を求めることも「損失の補償を請求する」に含まれると考えられます。

　「告げる」については、口頭による場合のほか、書面により知悉させる場合や、黙示による場合も含まれます。また、具体的な金額（損失額）まで伝える必要はなく、金銭的な内容を含んだ請求であれば足りると考えるべきです。たとえば、「遠方から来たのですよ」、「時間をとってあげたのですよ」など黙示に費用の支払いを求めているようなケースも該当します。このように請求にあたる言動は広く認められます。

3　設問の場合

　設問の場合、事業者が相談者の自宅マンションに見積りのために来訪しています。これは廃品回収の消費者契約の義務の全部または一部の実施にあたらない、消費者契約の締結をめざした活動であることから、「消費者契約の締結を目指した事業活動」に該当します。事業者は、「どれだけの手間賃がかかると思っているのか。営業妨害だ」と述べ、来訪したことによる日当や旅費の補償の請求を明示的に行っていることから、「損失の補償を請求する旨を告げる」に該当します。また、相談者は、インターネットで申し込んで事業者の来訪を求めていますが、これだけで事業者に正当な理由があることにはなりません。相談者は、事業者の上記行為により困惑して契約を締結したのです。

　したがって、法4条3項8号により、意思表示を取り消すことができます。

Q21　消費者契約法における過量契約取消しの内容と、特定商取引法上の過量販売解除との違いは何か

> 　法4条4項に過量な内容の契約を取り消すことができるとする規定ができましたが、これはどのようなものでしょうか。
>
> 　また、特定商取引法にも過量販売の解除に関する規定がありますが、どのような違いがあるのでしょうか。

▶ ▶ ▶ Point

① 　認知症の高齢者等の合理的な判断が困難となった消費者に対し、事業者がこれに「つけ込んで」、大量に、あるいは、次々と購入させるという消費者被害が多数発生したため、過量な内容の消費者契約の取消しを認めることとしたのが、消費者契約法における過量契約取消権です。

② 　特定商取引法に規定されている過量販売解除権と消費者契約法における過量契約取消権とでは、適用される取引類型や行使することのできる期間、効果等の点に違いがあります。

1　過量契約取消権の新設

　消費者契約法が制定・施行された後、認知症の高齢者などの合理的な判断が困難となった消費者に対して、合理的判断が困難であることに「つけ込んで」、事業者が、不必要なものを、大量に、または、次々と、消費者に購入させるという消費者被害が発生しました。

　従来、このような消費者被害の救済は、公序良俗違反（民法90条）や不法行為に基づく損害賠償請求（同法709条）などの民法の規定により図られてきましたが、これらの規定は要件が抽象的で、どのような場合に消費者被害を

回復することができるのか不明確でした。

　そこで、平成28年の消費者契約法改正により、上記のような、事業者が、消費者に対し、大量にまたは次々と購入させた場合に、契約の取消しを認める規定が新設されました。この取消権を、過量契約取消権といいます。

　過量契約取消権を定めた法4条4項は前段と後段に分かれています。同項前段は1回の契約で過量となる場合（単一契約型）について、後段は複数回の契約で過量となる場合（次々契約型）について、規定しています（単一契約型の具体的事例はQ22参照、次々契約型の具体的事例はQ23参照）。

② 過量契約取消権の要件

　過量な内容の消費者契約の取消しを認める過量契約取消権の要件は、①過量な内容の消費者契約であること（要件①）、②事業者が過量性を認識しながら勧誘をすること（要件②）、③消費者の当該消費者契約の申込みまたはその承諾の意思表示がなされたこと（要件③）、④上記要件②と要件③との間に因果関係が存在すること（要件④）です。

(1) 過量な内容の消費者契約であること（要件①）

　要件①は、消費者が締結した消費者契約の目的となるものの分量等が、当該消費者にとって通常の分量等を著しく超えるものであること（すなわち、過量な内容の消費者契約であること）です。

　なお、消費者がすでに同種契約を締結していた場合には、当該同種契約の目的となるものの分量等と、消費者が新たに締結した消費者契約の目的となるものの分量等とを合算した分量等が、当該消費者にとっての通常の分量等を著しく超えるものであることが必要となります。

　「通常の分量等を著しく超える」かどうかは、契約内容（消費者契約の目的となるものの性質、性能・機能・効能、重量・大きさ、用途等）や取引条件（価格、代金支払時期、景品類提供の有無等）、消費者の生活状況（当該消費者の世帯構成人数、職業、交友関係、趣向・嗜好、消費性向等）、消費者の認識（消費

者の生活の状況に関する当該消費者の認識）などを総合考慮して判断されることになります。

　また、「同種」契約かどうかは、事業者の設定した区分によって判断されるものではありません。契約の目的となるものの種類、性質、用途等に照らして、別の種類のものとして、消費者が並行して給付を受けることが通常行われているかどうか、という観点から「同種」かどうかが判断されます。

(2)　事業者が過量性を認識しながら勧誘をすること（要件②）

　法４条４項で過量契約取消権が新設された趣旨は、事業者が消費者に「つけ込んで」過量な内容の消費者契約を締結させた点にあります。すなわち、事業者が消費者に「つけ込んだ」（事業者が、消費者に合理的な判断をすることができない事情があることを利用した）といえる状況が必要です。そのため、事業者が、過量な内容の消費者契約を勧誘した場合であっても、その際に、当該消費者契約が消費者にとって過量な内容の消費者契約にあたることを事業者が知らなかった場合には、過量契約取消権は認められません。

(3)　消費者の当該消費者契約の申込またはその承諾の意思表示がなされたこと（要件③）

　そもそも、これらの意思表示が過量契約取消権の対象ですので、消費者がこれらの意思表示をしたことが必要となります。

(4)　要件②と要件③との間に因果関係が存在すること（要件④）

　上記のように、過量契約取消権の根拠は、事業者が消費者に「つけ込んだ」点にあります。仮に事業者が過量性の認識をもって勧誘をしたとしても、それによって消費者が当該消費者契約の申込みまたは承諾の意思表示をしたのでなければ、事業者が消費者に「つけ込んだ」ということはできません。そのため、事業者が過量性を知りながらした勧誘と消費者の意思表示との間に因果関係が存在することが必要であるとされています。

3　過量販売解除権との違い

　特定商取引法は、過量な内容の契約を解除することを認めています（過量販売解除権といいます。（同法9条の2・24条の2））。この特定商取引法の過量販売解除権と消費者契約法の過量契約取消権との間には、主に、以下の点に違いがあります（〔図表8〕も参照）。

　まず、特定商取引法は、その名のとおり、「特定の商取引」に適用される法律です。そして、過量販売解除権は、訪問販売および電話勧誘販売という取引においてのみ適用されることになっています。一方で、過量契約取消権は消費者契約全般に適用されます。

　次に、過量性についても、過量契約取消権では、単一契約型でも次々契約型でも事業者に過量性の認識があることが必要とされていますが、過量販売解除権では、単一契約型の場合は過量性の認識は不要とされています。これは、上記のとおり、過量契約取消権は事業者が消費者の事情につけ込んだ「つけ込み型」の不当勧誘に関する取消権として定められたためです。

　その他、効果（過量販売解除権の効果は「申込の撤回又は契約の解除」であるのに対し、過量契約取消権の効果は「取消」とされています）や、勧誘と意思表示との因果関係の存否（過量販売解除権の場合、この因果関係は不要とされています）、行使期間（過量販売解除権の行使期間は契約締結時から1年であるのに対し、過量契約取消権の行使期間は、追認をすることができる時から1年または契約締結時から5年とされています）などの点についても違いがあります。

　また、過量性の立証責任は、過量契約取消権および過量販売解除権いずれにおいても消費者が負担することとなっています。ただし、過量販売解除権は、当該契約の締結を必要とする事情が消費者に存在した場合には適用されないこととなっているところ、その当該契約の締結を必要とする事情が消費者に存在したことについては、事業者が立証責任を負うことになっています。

〔図表8〕 「過量販売」に関する特定商取引法と消費者契約法の異同

		特定商取引法	消費者契約法	
名　称		過量販売解除権	過量契約取消権	
適用対象取引		訪問販売・電話勧誘販売	すべての消費者契約	
要件	過量とは（ⅰ）	その日常生活において通常必要とされる分量を著しく超えること	消費者契約の目的となるものの分量等がその消費者にとっての通常の分量等を著しく超えること	
	過量販売類型	①一度に大量の商品の販売等をする場合 ②同種商品に関する次々販売 ③上記②の場合で、すでに過量状態であった場合	①同左 ②同種商品の次々販売で、すでにある同種商品と合算すると過量になる場合	
	事業者の認識（ⅱ）	過量性の認識につき、上記①は不要、②③は必要	上記①②のいずれも勧誘の際に過量の認識が必要	
	因果関係（ⅲ）	不要	必要	
例外規定（ⅳ）		あり	なし	
立証責任	（ⅰ）～（ⅲ）	消費者	消費者	
	（ⅳ）	事業者		
民事効果	効果	申込みの撤回・契約解除	取消し	
	起算点	契約締結時	追認可能時	契約締結時
	期間	1年間	1年間	5年間
	清算方法	クーリング・オフと同様 ・事業者が返還費用負担 ・使用利益返還義務なし	現存利益返還 ・消費者が返還費用負担	
行政処分		あり	なし	
刑事罰		あり（指示違反に対して）	なし	

（出典）特商Q&A 144頁

Q22 使い切れないほど大量の商品を一度に購入させられた場合、それを理由に契約を取り消せるか

> 　実家で一人暮らしをしている親を訪ねて帰省したところ、健康食品が山積みになっていました。親に聞いたところ、先月、なじみの店で「体によいから」と勧められて、まとめて30箱も買ったそうです。1箱1カ月分なのですが、消費期限が半年しかなく、明らかに買い過ぎです。返品して代金を返してもらうことはできないでしょうか。

▶ ▶ ▶ Point

① 　消費者契約法には、認知症の高齢者等の合理的な判断が困難となった消費者に対し、事業者がこれに「つけ込んで」、大量に、あるいは、次々と購入させるという勧誘があった場合に、契約を取り消しうる旨の規定が定められています。

② 　設問のように、消費期限内に消費しきれない量の健康食品を購入させられた場合には、消費者は契約を取り消せる場合があります。

1 「過量性」の判断要素（単一契約型）

　Q21で述べたように、法4条4項は、過量な内容の消費者契約を取り消すことができる旨を規定しています（設問は、単一契約型ですので、同項前段の適用を検討することになります。同項後段の適用が問題となる次々契約型についてはQ23で検討します）。

(1) 「過量性」の意義

　「過量性」とは、「物品、権利、役務その他の当該消費者契約の目的となるものの分量、回数又は期間（分量等）が当該消費者にとっての通常の分量等

を著しく超える」ことをいいます。

そして、この「当該消費者にとっての通常の分量等」とは、法4条4項前段の条文上、「消費者契約の目的となるものの内容及び取引条件並びに事業者がその締結について勧誘をする際の消費者の生活の状況及びこれについての当該消費者の認識に照らして当該消費者契約の目的となるものの分量等として通常想定される分量等」をいうとされています。

このように、条文上、「通常の分量等」がどの程度のものかを判断する要素として、「消費者契約の目的となるものの内容」、「消費者契約の目的となるものの取引条件」、「消費者の生活の状況」、「消費者の認識」があげられています。これらの要素を総合的に考慮して、一般的・平均的な消費者を念頭において、一般的・平均的な消費者であれば「通常の分量等」を超えるといえるかどうかを判断します。また、過量といえるためには、通常の分量等を「著しく超える」ことも必要ですが、この「著しく超える」かどうかも上記の要素から判断します。

(2) 「過量性」の考慮要素

ここで、これらの考慮要素について説明します。

(A) 「消費者契約の目的となるものの内容」

「消費者契約の目的となるものの内容」とは、具体的には、消費者契約の目的となるものの性質、性能・機能・効能、重量・大きさ、用途があげられます。たとえば、同じ食品でも、消費期限が短いためすぐに消費しないと無価値になってしまう生鮮食品と、消費期限が長いため長期間の保存が可能な缶詰やレトルト食品では、一般的に、一度に購入する「通常の分量」は前者のほうが少ないと考えられます。したがって、商品の性格上、同一機会に購入する分量が少ない前者の商品のほうが、過量性が認められやすいということになります。

(B) 「消費者契約の目的となるものの取引条件」

「消費者契約の目的となるものの取引条件」とは、その目的となるものの

価格、代金支払時期、景品類提供の有無があげられます。たとえば、1個あたり50円の商品と1個あたり50万円の商品とでは、一般的に50万円の商品のほうが当該消費者にとっての通常の分量等は少なくなりますので、過量性は認められやすくなります。他方、「5つ購入すれば5割引き」というような大幅な割引がなされるような場合には、その取引条件によっては、当該消費者にとっての通常の分量等が多くなりますので、過量性は認められにくくなります。

　(C)　「消費者の生活の状況」

「消費者の生活の状況」とは、当該消費者の世帯構成人数、職業、交友関係、趣味・嗜好、消費性向などの日常的な生活の状況に加え、一時的な生活の状況（友人が遊びに来る、知人に贈答品を送るなど）も含まれます。たとえば、5人世帯の家庭では、一人暮らしの家庭に比べると、必要量が多くなるものもありますので、そのようなものが消費者契約の目的となっている場合には、過量性は認められにくくなります。

　また、一般的・平均的な消費者を基準とした場合には、「過量」に該当しないような分量等の契約であっても、一般的・平均的な消費者よりも経済的に苦しい生活をしているといった「当該消費者の生活の状況」に鑑みた場合には、「過量」に該当する分量等の契約であると評価できる場合もあり得ます。

　(D)　「消費者の認識」

「消費者の認識」とは、消費者の生活の状況についての当該消費者の認識のことをいいます。たとえば、一人暮らしの高齢の消費者が、親戚が5人自宅に来訪する予定が翌日であったと勘違いして、それに相応する量の食材を購入したとします。ところが、実際は親戚が来訪するのは再来週であったというような場合には、「親戚5人が来訪する」という一時的な生活の状況が翌日のことであるとの認識が消費者にはあったのですから、そのような認識があったという事情を考慮することになります。

　もっとも、「親戚5人が来訪する」などという予定が全くなく、当該消費者の思い込みにすぎなかったというような場合には、「消費者の生活の状況」が客観的に存在しない以上、「これについての消費者の認識」を観念することもできません。そのため、当該消費者の上記のような思い込みは、過量性の考慮要素には含まれないこととなります。

2 設問の場合

　設問の健康食品の消費期限は半年で、1箱1カ月分とのことです。したがって、その性質（消費期限）から、6箱が一度に購入するべき最大量といえますので、30箱という分量は、健康食品という「消費者契約の目的となるもの」の内容という考慮要素からは過量であるといえます。

　次に、相談者の親は、一人暮らしです。そして、友人に配るというような事情は設問上存在しないようですので、30箱もの健康食品は、「消費者の生活の状況」という考慮要素からも過量であると思われます。健康食品を友人に振る舞うということは考えにくいところです。

　したがって、相談者の親にとって、30箱もの健康食品は過量、すなわち、「当該消費者契約の目的となるものの分量が当該消費者にとっての通常の分量等を著しく超える」ものと判断できます。よって、相談者の親は、法4条4項前段に基づいて、販売業者との健康食品の売買契約を取り消すことが可能です。

Q23 同種類のものを次々に契約させられた結果、大量になった場合も、過量契約を理由に取り消せるか

私は民生委員をしています。近所のおばあさんの家を訪問したらたくさんの着物がありました。話を聞くと最近、親友に誘われて着物の展示会に行っているようです。そして、事業者から着物を勧められたため、「私は着物を着たことがない。友達に連れられて見に来ただけ」と伝えて断ったそうですが、事業者が熱心に勧めてくれるので1着買ったそうです。

その後も、その親友に誘われて着物の展示会に連れて行かれたようで、そのたびに、着物を着る機会のないことを担当者は知っているにもかかわらず勧めてくるので、言われるままに毎回のように着物を買ってしまい、結局支払いが何百万円にも達してしまったとのことです。

この着物の購入契約を取り消すことはできないでしょうか。

▶▶▶ Point

① 設問は、着物を次々に購入し、結果として過量になっているケースですので、次々契約型の過量契約取消権を検討することになります。

② 消費者がすでに同種の契約を締結していた場合には、「新たに締結した消費者契約の目的となるものの分量等」と「すでに締結していた同種契約の目的となるものの分量等」を合算した分量等が、当該消費者にとって通常の分量等を著しく超えるものであることが必要となります。

③ 次々契約型の場合で取消しの対象となるのは、すでに締結していた同種契約ではなく、消費者が新たに締結した契約です。

1 はじめに

　事業者が、認知症の高齢者やその他の合理的判断をすることが困難になった消費者に対し、そのような事情につけ込んで、不必要なものを大量に、または次々と購入させるといった消費者被害が生じていたことを受け、平成28年改正法は、過量な内容の契約を取り消すことができる旨（過量契約取消権）の規定を新設しました（法4条4項。Q21参照）。

　法4条4項が定める過量契約取消権には、1回の契約で過量となる場合（同項前段。単一契約型）と、複数回の契約で過量となる場合（同項後段。次々契約型）があり、設問の事例は、次々契約型にあたるかが問題となります（単一契約型については、Q22参照）。

　次々契約型の過量契約取消権の要件は、①すでに同種の契約が存在していたこと（Q24参照）、②過量な内容の消費者契約であること、③事業者が過量性を認識しながら勧誘したこと、④消費者による消費者契約の申込み・承諾の意思表示がなされたこと、⑤（上記③と④間の）因果関係の存在です（上記②〜⑤については、Q21・Q22参照）。

　当該消費者契約が過量契約となる場合、消費者は当該契約を取り消すことができ、単一契約型の場合は当該契約全部（〔図表9〕の契約A）が取消しの対象となります。これに対し、次々契約型の場合、すでに締結していた同種契約も含めた契約全部（同契約aおよび契約b）が取消しの対象となるのでは

〔図表9〕過量契約取消権のイメージ

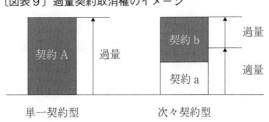

なく、新たに消費者契約を締結したことにより過量となった契約（同契約 b）のみが対象となります。

2 「過量性」の判断要素（次々契約型）

(1) 次々契約型に該当するかどうかの基本的な考え方

次々契約型の場合、一つの契約ごとをみれば、その目的となっている分量等が過量であるということはあまりありません（もちろん、次々契約型でも、一つの契約ごとに目的となっている分量等が過量になっていれば、単一契約型として扱い、法 4 条 4 項前段により過量契約取消しをすることができます）。設問でも、一つの契約ごとに目的とされた着物の分量は一つのようです。

しかし、消費者が、これまでにも同種の物を目的とする契約を締結している場合には、これと同種の物について新たに契約を締結する必要はないと思われるケースがほとんどです。このような事情がある場合には、事業者が、消費者の判断能力の欠如等に「つけ込んで」、消費者にとって不必要なものを購入させたと推測することができます。

そこで、次々契約型の場合も過量契約取消しの対象としました。過量性の判断にあたっては、「新たに締結した消費者契約の目的となるものの分量等」と「すでに締結していた同種契約の目的となるものの分量等」を合算した分量等が、当該消費者にとって通常の分量等を著しく超えるものであるかどうかを判断することになります（同種性の判断基準については、Q24参照）。

そして、この「通常の分量等」や「著しく超える」かどうかは、次々契約型の場合も、単一契約型と同じように、「消費者契約の目的となるものの内容」や「消費者契約の目的となるものの取引条件」、「消費者の生活の状況」、「消費者の認識」という要素を総合的に考慮して、一般的・平均的な消費者を念頭において判断します（Q22参照）。

(2) 設問の場合

設問の消費者は、着物を着る機会がない以上、1 着目の契約から過量契約

になるとも考えられます。しかし、着物を着る機会がないとはいえ、あまり高価なものではない限り、一般的には1着では「過量」といえないと思われます。したがって、1着目の契約を取り消すことはできず、1着目の着物の代金の返還請求はできないと考えられます。

　では、設問の消費者は、すでに着物1着を購入しているにもかかわらず、その後も次々と着物を購入させられていることから、次々契約型の過量契約にあたるとして、取り消すことはできないでしょうか。着物を趣味とする人であれば、何着も着物を所有することもあると思われますが、設問の消費者は着物を着たことがなく、着る機会もないという生活をしており、消費者もこの点を認識しています。このような消費者にとって、着物は1着もあれば十分と思われます。それにもかかわらず、着物を次々と購入させられていますので、2着目以降の契約は「過量」であるとして、取り消すことが可能です（過量性以外の要件については、Q21参照）。それにより、販売業者に対して、2着目以降の契約に係る代金の返還を求めることができます。

③　展示会商法の問題点

　展示会において即売会を開催することはもちろん違法ではありませんが、消費者被害が生じる原因となっている商法であるのも事実です。たとえば、購入するまで帰宅させてもらえなかったり、商品販売がなされているとは知らないまま消費者が展示会に連れてこられたり、といった事例が数多く報告されています。

　展示会商法によって消費者被害が発生した場合、退去妨害による困惑取消権（法4条3項2号。Q12参照）を行使できる場合もあります。また、展示会商法であっても訪問販売に該当する場合もありますので、その場合は、クーリング・オフ（特定商取引法9条）や過量販売解除権（同法9条の2）を行使できる場合もあります（特商法Q＆AQ6・Q7も参照）。

Q24　別の種類の商品を次々に販売された場合、過量な内容の契約として取り消すことはできるか

　一人暮らしの母親を訪ねて実家に帰省したら、実家の押入れには未使用のかけ布団、敷き布団、敷きパット、シーツなどの寝具類であふれていました。親に聞いたところ、布団を買い替えた後、毎月のように店の営業が来て、「この季節はこの布団がお勧めです」とか「この布団を使わなければ体を冷やして体調が悪くなる」などと言って、勧めてくるので、業者から言われるままに買ってしまったそうです。母親がこんなに布団等を使うことはありません。商品を返して代金を取り戻すことはできないでしょうか。

▶ ▶ ▶ Point

① 　消費者契約法では、認知症の高齢者等の合理的な判断が困難となった消費者に対し、事業者がこれに「つけ込んで」、大量に、あるいは次々と購入させるという勧誘があった場合、契約を取り消しうる旨の規定を定めています。

② 　消費者契約の目的が「同種」であるか別の種類であるかは、事業者の設定した区別によるわけではなく、過量性の判断対象となる分量等に合算して考えるべきかどうかという観点から判断されます。

③ 　設問のように、かけ布団、敷き布団、敷きパット、シーツなどの別の商品が販売された場合であっても、「寝具」という点で同じ種類に属する物品ですから「同種」といえ、これらを合算して過量性を判断することとなります。そのうえで、過量であると判断される場合には、消費者は契約を取り消しうるものと考えられます。

1　はじめに

　事業者が、認知症の高齢者やその他の合理的判断をすることが困難になった消費者に対し、そのような事情につけ込んで、不必要なものを大量に、または次々と購入させるといった消費者被害が生じていたことを受け、平成28年改正法は、過量な内容の契約を取り消すことができる旨（過量契約取消権）の規定を新設しました（法4条4項。Q21参照）。

　法4条4項が定める過量契約取消権には、1回の契約で過量となる場合（同項前段。単一契約型）と、複数回の契約で過量となる場合（同項後段。次々契約型）があり（〔図表9〕参照）、設問の事例は、次々契約型にあたるかが問題となります（単一契約型については、Q22参照）。

　次々契約型の過量契約取消権の要件は、①すでに同種の契約が存在していたこと、②過量な内容の消費者契約であること（Q23参照）、③事業者が過量性を認識しながら勧誘すること、④消費者による消費者契約の申込み・承諾の意思表示がなされたこと、⑤（上記③と④間の）因果関係の存在です（上記③〜⑤については、Q21参照）。

2　「過量性」の判断要素（「同種」の判断が問題になるケース）

(1)　前　提

　次々契約型においては、先行する契約と後行の契約が同種の物を目的としている場合、先行契約の分量等と後行契約の分量等を合算した分量等をもって、過量といえるかどうかを判断します（Q23参照）。

(2)　「同種」に該当するかの基本的な考え方

　「同種」であるか別の種類であるかは、事業者の設定した区別によるわけではなく、過量性の判断対象となる分量等に合算して考えるべきかどうかという観点から判断されます。具体的には、その目的となるものの種類、性質、用途等に照らして、別の種類のものとして、並行して給付を受けること

が通常行われているかどうか、という観点から判断されると考えられます。もっとも、この解釈については、過量契約の被害事案を救済するために規定された法4条4項の立法趣旨、および、消費者取消権が認められるためには同種契約と合算した分量等が過量であると評価できることや事業者の主観的要件も認められることが必要である点に鑑みて、個別事案ごとに実質的かつ柔軟に考えることが相当であると考えられます。たとえば、ネックレスとブレスレットの場合、厳密にみると両者は異なるものです。しかし、その種類や性質、用途等に照らして検討した場合、いずれも身を飾るための装身具という点では同じ種類に属するものといえるので、同種性を肯定することができます。

③　設問の場合

(1)　過量契約取消権

設問のケースで契約の目的となっているのは、かけ布団、敷き布団、敷きパット、シーツなどの寝具類とのことです。

「かけ布団」と「敷き布団」、「敷きパット」、「シーツ」は、形式的にみれば、それぞれ別の種類のものとして並行して給付を受けることが通常行われているともいえますが、いずれも寝具という点では同じ種類に属する物品であって、同種性を肯定してよいと思われます。

そのうえで、全体としての過量性を判断することになりますが、全体の数が過大である場合はもちろん過量となり得ますし、かけ布団と敷き布団、敷きパット、シーツがそれぞれ一つであっても、販売価格が当該消費者の生活状況にとって高額となっているような場合にも過量と考えることができると思われます。

したがって、これらの場合には、法4条4項に該当し、消費者は契約を取り消しうるものと考えられます。

また、設問では、「この布団を使わなければ体を冷やして体調が悪くなる」

という勧誘が行われています。消費者の健康不安をあおるような告知が行われていることから、法3条3項5号による取消しも検討できるでしょう（同号についてはQ14参照）。

(2)　特商法におけるクーリング・オフ

　設問では、「訪問販売」が行われているため、契約のクーリング・オフの可否を検討することになります。すなわち、消費者は、事業者から法定書面を受け取った日から8日間以内であれば、無条件で契約を解約することができますので、法定書面の有無や契約日からの日数等を検討し、可能であればクーリング・オフを行い、代金の返還を請求します。なお、法定書面の要件を満たしていなければ、法定書面が交付されていないことになりますので、8日間を経過していても引き続きクーリング・オフができます。

Q25 契約相手ではない媒介業者が違法に勧誘した場合、契約を取り消すことはできるか

広告で見た、これから建てるという分譲マンションが気になり、モデルルームを見に行きました。不動産仲介業者が眺望を売りにしていて、私たちも気に入ったので、不動産仲介業者の事業所でマンション販売会社と契約しました。しかし、完成して入居してみたものの不動産仲介業者が説明していたような眺望はなく、最初からわかっていれば買いませんでした。マンション販売会社は悪くないですが、不動産仲介業者が嘘の説明をしたことを理由に、契約を取り消すことはできないでしょうか。

▶ ▶ ▶ Point

① 消費者契約法は、媒介の委託を受けた第三者による不当な勧誘行為をした場合の規定を定めています。

② 設問の不動産仲介業者のように媒介の委託を受けた第三者が不当な勧誘行為をした場合であっても、契約の取消しが認められます。

1 法5条1項の趣旨

設問では、消費者・マンション販売会社間の契約に不動産仲介業者という第三者が介在しています。このように第三者が契約締結に介在するケースについても、その第三者の不適切な勧誘行為に影響されて消費者が自らの意に沿わない契約を締結させられることがあります。この場合においても、消費者の自由な意思決定が妨げられたという状況は法4条に規定する場合と異ならないのに、第三者が介在した場合は消費者からの契約の取消しが認められ

ないことになると衡平を欠きます。そこで、事業者が第三者に対して消費者契約の締結の媒介（消費者に勧誘することを含む）を委託し、当該委託を受けた第三者が、消費者に対し、不実告知等を行った場合は、その意思表示を取り消せることにしました。

2 「媒介」

　法5条1項にいう「媒介」とは、事業者と消費者との間に消費者契約が成立するように、第三者が両者の間に入って尽力することをいいます（〔図表10〕参照）。このような第三者の例としては、不動産の売買・賃貸を仲介した宅地建物取引業者、クレジット契約やリース契約の仲介をした販売店などがあげられます。

　第三者が、契約締結の直前までの必要な段取り等を行っており、事業者が契約締結さえ済ませればよいような状況にまで至っている場合には媒介があったといえます。また、たとえば、保険業におけるいわゆる紹介代理店（顧客の紹介だけを依頼されている場合）が消費者に対し断定的判断の提供をした結果、消費者が保険契約を締結した場合のように、上記の段階にまで至らず、事業者が第三者に委託する契約成立に向けた尽力の対象が消費者契約の締結に至る一連の過程の一部分にとどまっていたとしても、本条の趣旨か

〔図表10〕 媒介のイメージ

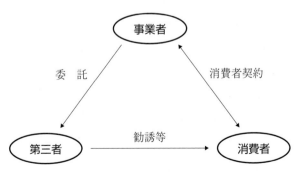

らは「媒介」にあたりうると考えるべきです。

「媒介」と類似するものとして、「代理」制度があります。「代理」とは、本人と一定の関係にある他人（代理人）が、本人のために意思表示をなしまたはこれを受けることにより、その法律効果が全面的に本人に帰属することを認める制度です（民法99条）。いずれも第三者が契約に関与するという点では共通します。もっとも、媒介の場合、契約当事者は売主本人と買主本人ですが、代理の場合、契約書を交わすのは代理人であり、その効果が本人に及ぶことになるという違いがあります（なお、代理人が消費者契約に関与した場合については、コラム⑤参照）。

3　設問の場合

(1)　不実告知該当性

分譲マンションの眺望は、「当該消費者契約の目的となるものの質」に該当します（法4条5項1号）。相談者は説明を受けた眺望がないのであれば、分譲マンションを購入していなかったので、契約を締結するか否かの判断に影響を及ぼすものといえ、「重要事項」に該当します。不動産仲介業者は、モデルルームにおいて勧誘する際、分譲マンションの眺望を売りにしていましたが、実際には、説明していたような眺望はありませんでした。したがって、説明していた内容が、客観的に真実ではないので、「事実と異なること」に該当します（不実告知の内容についてはQ8参照）。

よって、不動産仲介業者の眺望に関する説明は不実告知（法4条1項1号）に該当します。

(2)　法5条1項該当性

不動産仲介業者は、相談者とマンション販売会社の契約の成立に尽力しましたので、「媒介」に該当します。不動産仲介業者はモデルルームで分譲マンションの勧誘行為を行っていたことから、マンション販売会社は不動産仲介業者に対し、相談者との間のマンション売買契約の締結の媒介を委託して

いたものと考えられ、「事業者が第三者に対し、当該事業者と消費者との間における消費者契約の締結について媒介をすることの委託」に該当します。

したがって、相談者は、不動産仲介業者の不実告知を理由に、マンション販売会社との契約を取り消すことができます。

4　民法96条2項との関係

法5条は、民法96条2項の規定では救済できない場合であっても、契約を取り消せる場合があります。

民法96条2項は、事業者が、第三者が詐欺を行ったことを知っているか、または知ることができたという場合にしか契約を取り消すことができません。

これに対し、法5条は、事業者が、第三者が不適切な勧誘行為をしたことを知らない場合でも上記要件に該当すれば契約を取り消すことができますので、民法96条2項に比べて救済できる場面が広がることになります。

┌─ コラム⑤ 代理人による消費者契約締結の意思表示 ─

　消費者契約の締結において、事業者から媒介委託を受けた第三者が法4条1項から4項までに規定する消費者契約の意思表示をした場合については法5条1項が定めています（Q25参照）。では、媒介委託を受けた第三者ではなく、事業者・消費者・受託者等の代理人が消費者契約の締結に関与して、法4条1項から4項に規定する消費者契約の意思表示がなされた場合はどうなるでしょうか。

　この場合の意思表示は本人がなしたものとみなし、意思表示の効力が影響を受けるべき事実の有無は代理人について判断することになります（法5条2項）。これにより、たとえば、事業者・受託者等の代理人が不実告知をした場合には、事業者・受託者等が不実告知をしたものとみなされますし、事業者の不実告知により消費者の代理人が誤認して消費者契約締結の意思表示をした場合、消費者が誤認して意思表示をしたものとみなされることになります（〔図表11〕参照）。

　代理人による意思表示に関する法5条2項の規定を設けたのは、次のような理由によります。すなわち、仮に法5条2項がなければ、代理人が誤認等により消費者契約締結の意思表示をした場合、代理人の意思表示の瑕疵に関する規定である民法101条1項を類推適用する（法11条1項）ことも考えられます。しかし、「詐欺、強迫等」と「誤認、困惑等」とは要件が異なることから、条文の担保なしに民法101条1項を解釈により類推適用できるかについては疑義がありました。そこで、そのような疑義を解消するために、法4条1項から4項までに規定する消費者契約締結の意思表示に関し、代理人・復代理人の行った意思表示については、本人がなしたものとみなすという法5条2項を設けました。

〔図表11〕法5条2項の適用関係

勧誘者		被勧誘者（意思表示者）		誤認等取消しの可否
事業者・受託者等	本人	消費者	本人	可
	代理人		代理人	
消費者	本人	消費者	本人	不可
	代理人		代理人	

Q26 商品の一部を消費した後に契約を取り消した場合でも、代金を全額返金してもらえるか

健康食品の訪問販売業者からしつこく勧誘をされました。「買う気はないから帰ってくれ」と何度も言ったのですが、長時間居座られたため、根負けして業者が勧めるままに健康食品を買ってしまいました。契約を取り消すことはできますか。

また、代金は全額支払い済みで、商品は私の手元にあります。ただ、商品の一部を消費しています。この場合でも代金を全額返金してもらえるでしょうか。

▶▶▶ Point

① 消費者契約法に基づく取消権行使の結果、契約は無効となり、消費者には商品の返還義務が、事業者には代金の返還義務が発生します。

② 消費者が商品を一部費消してしまった場合でも現存する商品のみを返還すれば足ります。

1 消費者契約の取消しの効果

(1) 遡及的無効

事業者の不実告知や不退去などの不当勧誘行為により消費者が消費者契約を締結させられた場合、消費者は法4条に基づいて消費者契約の申込みまたはその承諾の意思表示を取り消すことができます。その結果、意思表示は初めから無効であったものとみなされるので（法11条1項、民法121条）、締結された消費者契約も当初から無効となります。

(2)　返還義務の範囲

消費者取消権を行使した消費者が事業者から給付を受けていた場合、これを返還する義務を負うことになりますが、返還義務の範囲については、従前の消費者契約法には規定がなく、消費者は、民法の規定に従い、不当利得（民法703条）として「現存利益の返還義務」を負うとされていました。ところが、平成29年改正民法は、意思表示が取り消された場合の返還義務の範囲を原状回復義務としました（民法121条の2第1項）。原状回復義務では、契約前の状態に戻すため、現存していない利益についても返還義務がありますから、原状回復義務のほうが現存利益の返還に比べ返還する範囲が広く消費者に不利になります。そこで、従来の現存利益の返還義務を維持するため、平成28年法改正で法6条の2を新設し、消費者取消権を行使した消費者の返還義務の範囲については、民法121条の2第1項ではなく、法6条の2が適用されることを明らかにしました。なお、同条は改正民法施行の日（令和2年4月1日）に施行されました。

法6条の2が適用されるためには、消費者が給付を受けた時点で、自身の意思表示が取り消しうるものであることについて善意であったことが必要です。これは、従前の民法703条においても善意の受益者であることが要件と解されていたので、要件が加重されたものではありません。したがって、仮に、消費者が給付を受けた当時、その意思表示が取り消すことができるものであることを知っていた場合には、法6条の2の適用はなく、原則どおり民法121条の2第1項が適用され、消費者は原状回復義務を負い、商品を費消した消費者は価格相当額を金銭で返還することになります。

なお、事業者については、改正民法施行前は民法704条により、改正民法施行後は民法121条の2により原状回復義務を負うことになります。

② 現存利益の返還

(1) 目的物が残っている場合

　法6条の2は、消費者契約が取り消された場合の消費者が返還すべき範囲を現存利益としていますが、何が現存利益にあたるかについての明文の規定はなく、解釈に委ねられています。

　この点に関して、目的物が現存している場合は現存物が現存利益にあたります。たとえば、健康食品5箱を5万円で購入し、1箱分だけ飲んだ場合、残っている4箱は現存利益であり、返還義務を負います。また、箱や包装を開封した場合にも、その状態が現存利益となりますので、そのまま返還すれば足ります。

(2) 目的物の一部を費消または使用した場合

　一般論としては、消費者が目的物を費消または使用した場合には、目的物の給付を受けたことにより他の出費を免れる等しており目的物の効用を得ているので、現存利益があるといえます。したがって、費消等した物について、給付を受けたときの客観的価格（時価相当額）を返還すべきとなります。上記の例でいえば、自分で飲んだ1箱分の代金1万円を事業者に返還することになります。

　しかし、たとえば目的物の性質等について不実告知（法4条1項1号）を受けた結果、目的物の一部を費消等した場合には、当該消費者にとって思っていた物と違うのですから、利益は全くないと評価される場合が多いと思われます。また、不退去（同条3項1号）や退去妨害（同項2号）の場合も、目的物は、当該消費者にとって元々不要な物であることが普通ですから、利益は全くないと評価されるべきでしょう。

　そうすると、法4条に基づいて取消しをした場合、目的物の一部を費消していたとしても、費消等した部分については現存利益はないので、客観的価格（時価相当額）を返還する必要はなく、消費者は、残存物の返還義務のみ

を負うと考えられます。

(3) 給付を受けた物を転売していた場合等

目的物が残っていない場合でも、目的物を転売した場合や、当該現物の給付を受けたことにより他の出費を免れたこと等によって消費者に利得が残っている場合には、その利得部分が現存利益となるため、その利得分（転売価格相当額や免れた出費の額等）を返還すべきと考えられます。

(4) 事業者からの給付が役務やサービスの場合

目的物の売買（上記(2)）と同様、押し付けられた役務やサービスには客観的価値はないと評価できます。もっとも、役務やサービスによって消費者に利益があった場合には、客観的価値相当額の返還が必要となります。

詳細は、Q27を参照してください。

③ 設問の場合

(1) 契約の取消し

設問では、相談者は、業者に「帰ってくれ」と退去の意思を示して購入を断ったにもかかわらず、執拗に勧誘をしてくる訪問販売業者に根負けして健康食品を購入させられており、不退去による困惑により契約したものといえます。したがって相談者は、契約を取り消すことができます（法4条3項1号）。

そして、相談者は商品の一部を消費していますが、根負けして契約させられていることから、意思表示を取り消すことができることを知らずに受領し、費消したと考えられます。したがって、相談者は商品の受取り時に「意思表示が取り消すことができるものであることを知らなかった」といえます。また、元々相談者は、この商品を購入するつもりはなかったのですから、商品を消費したとしても「現に利益を受けている」ものではありません。したがって、相談者は、残存物を返還すれば足ります（法6条の2）。

一方、事業者は、原状回復義務（民法121条の2第1項）を負うので、代金

全額を返還しなければならず、相談者は、代金を全額返金してもらえます。

(2)　クーリング・オフ

　設問は訪問販売ですので、法定書面（特定商取引法４条・５条）受領日から８日間はクーリング・オフをすることができます（同法９条）。この場合、相談者は残存物を返還すれば足りるのに対し、事業者は代金全額を返還しなければなりません。ただし、特定商取引法上、健康食品は指定消耗品（使用もしくは一部の消費により価格が著しく減少するおそれがある商品として政令で定められた商品。特定商取引法26条５項１号、特定商取引法施行令６条の４・別表３第１号）としてクーリング・オフの対象外となる場合があります。したがって、法定書面に当該健康食品は指定消耗品であり、費消した場合はクーリング・オフができない旨の記載があれば、特定商取引法９条の適用除外となりますので、クーリング・オフはできません。なお、法定書面の要件を満たしていなければ、クーリング・オフ期間は進行していないと考えられますので、その場合は書面受領日から８日間を超えてもクーリング・オフが可能です（特商法Ｑ＆Ａ Q15～Q18参照）。

Q27　サービスの一部の提供を受けた後に取り消した場合でも、代金を全額返金してもらえるか

　エステティック（エステ）の無料体験に行ったところ、施術中で半裸の状態である中、痩身コース60回分を勧誘されました。断り続けたのですが、そのまま長い時間勧誘され続け、契約しないと着替えさせてもらえない状態だったので、やむなく申し込みました。取り消すことはできるのでしょうか。また、契約した以上通わないともったいないと思い、取消し前に何度か施術を受けている場合はどうなるのでしょうか。

▶ ▶ ▶ Point

① 　消費者が役務の提供を一部受けていた場合でも、事業者から全額の返金を受けることができます。

② 　特定商取引法上の特定継続的役務のクーリング・オフをした場合と消費者契約法により取り消す場合とでは効果に相違が生じる場合があります。

1　消費者契約の取消しの効果

　事業者の不実告知や不退去などの不当勧誘行為により消費者が消費者契約を締結させられた場合、消費者は法4条に基づいて消費者契約の申込みまたはその承諾の意思表示を取り消すことができます。その結果、意思表示は初めから無効であったものとみなされるので（法11条1項、民法121条）、締結された消費者契約も当初から無効となります。

　消費者契約を取り消すことによって、消費者がすでに事業者から消費者契約に基づく何らかの給付を受けていた場合、これを返還する義務を負うこと

になります。返還義務を負う範囲は、平成29年改正民法の施行の日である令和2年4月1日以降は法6条の2に基づき、原則として「消費者契約によって現に利益を受けている限度」すなわち現存利益の範囲に限定されます（詳細についてはQ26参照）。

2　役務提供契約と現存利益の返還

　法6条の2は取消権を行使した消費者の返還義務を現存利益の範囲に限定していますが、何が現存利益にあたるかについての明文の規定はなく、解釈に委ねられることになります。この点に関して、目的物が現存している場合は現存物が現存利益となります。

　これに対して、事業者から消費者に給付されたものが現物返還の不可能な役務やサービスであった場合、その利益が残っていればその客観的価値相当額を金銭で返還することになります。そして、利益が残っているかどうかは、当該役務やサービスで消費者が受けた利益の客観的価値の評価によります。たとえば、学習塾について、実績や講義内容・講師スタッフ等に関する重要部分について不実告知があった場合、消費者がそのことを知って契約を取り消すまでの間に受けた授業には客観的価値はなかったと評価されます。また、威迫・困惑に陥って何らかのサービスを受ける契約をしたとしても、消費者にとってそのようなサービスは強いられた必要性のないサービスであって、客観的価値はなかったと評価される場合が大半と思われます。

　したがって、法4条に基づいて意思表示を取り消すような場合は、役務の提供を受けていても、現存利益がない場合が多いと考えられます。

3　クーリング・オフとの効果の違い

　特定商取引法では、エステティックサロンなどの特定継続的役務提供契約（同法41条2項、特定商取引法施行令12条・別表4）についてクーリング・オフ（同法48条）や中途解約（同法49条）ができます。これらによる契約の解除と

消費者契約法による意思表示の取消しについては、その効果に次のとおり相違があります。

　まず、消費者契約法で取り消す場合は、提供を受けた役務に現存利益があれば、消費者はその客観的価値相当額を金銭で返還することになります（法6条の2）。もっとも、上記②で述べたとおり、法4条に基づいて意思表示を取り消した場合、提供を受けた役務には客観的価値がないと評価されることが大半と考えられます。

　次に、クーリング・オフをする場合ですが、特定商取引法により特定継続的役務提供契約をクーリング・オフした場合、契約の解除までの間に役務の提供が行われていたときでも、事業者は消費者に対しその対価の請求ができません（同法48条1項・6項）。したがって、消費者は、何ら返還義務を負わず、事業者から契約金額の全額の返還を受けることができます。

　両者を比較すると、クーリング・オフの場合は提供を受けた役務について消費者が負担をすることは全くありません。現存利益の有無にかかわりなく、契約金額の全額について返還を受けることができます。

　さらに特定商取引法では、特定継続的役務提供契約についてクーリング・オフ期間を経過していても消費者は中途解約をすることができ、同法の定める清算ルールに従って費用の清算をすることになります（同法49条2項・特定商取引法律施行令15条・別表4の第3欄・16条・別表4の第4欄。〔図表12〕参照）。役務提供前の中途解約の場合、事業者は消費者に対し2万円以上の金額を請求することはできません。また、役務提供開始後の中途解約の場合、事業者は自身が消費者に提供した役務の対価に相当する額と、2万円または契約残額の10％に相当する額のうちいずれか低い額を合算した額以上の金額を請求することもできません。仮に、消費者から受領した金額が上記の各金額を超える場合、事業者はその超える金額を返還しなければなりません（特商法Q＆A Q46・Q47参照）。

〔図表12〕エステサロンの中途解約の場合の清算ルール

役務提供開始前	契約の締結および履行のために通常要する費用の額として役務ごとに政令で定める額（2万円）
役務提供開始後	①と②の合計額 　①：提供された特定継続的役務の対価に相当する額 　②：その特定継続的役務提供契約の解除によって通常生ずる損害の額として役務ごとに政令で定める額（2万円または契約残額（＊）の10％に相当する額のいずれか低い額）

（＊「契約残額」とは、契約に関する役務の対価総額から、すでに提供された役務の対価に相当する額を差し引いた額のこと）

4　設問の場合

　設問の場合、事業者の勧誘に対し、相談者は断り続けているので、退去の意思表示にあたります。また、「契約しないと着替えさせてもらえない状態」は、事業者が消費者を退去させない場合にあたります。そうした事業者の退去妨害行為によって、消費者は「やむなく申込み」をしていることから、困惑して意思表示をしたといえます（Q12参照）。

　したがって、相談者は、痩身コース60回分の契約の申込み（またはその承諾）の意思表示を取り消すことができます。また、相談者が「取消し前に何度か施術を受けて」いたとしても、設問の場合、本来、相談者が必要としていないものですので、この施術は相談者にとって客観的価値はなかったと評価できます。したがって、相談者は提供を受けた施術の費用を負担する必要はありません。

　一方、事業者は、原状回復義務がありますので（民法121条の2第1項）、契約金額全額の金銭を返還しなければならず、相談者はその返還を求めることができます。

Q28 契約の3年後に事業者から騙されたことに気づいた場合でも、契約を取り消すことはできるか

金融商品販売業者から、「この金融商品は、途中価格変動はあるが、3年後に必ず利益が出るように設計されている。3年間売らなければ必ずもうかります」と勧められたので、その金融商品を購入しました。金融商品の価値は下がる一方でしたが、3年間売らなければ必ずもうかると言っていた業者の言葉を信じて売らずに持ち続けました。しかし、3年経過して、金融商品の価値は購入時の10分の1になっていたため、業者に騙されていたことにようやく気がつきました。まだこの業者は営業しているようですが、今からでもこの契約を取り消してお金を取り戻すことはできるのでしょうか。

▶▶▶ Point

① 消費者が誤認していたことに気づいた時から1年間は消費者契約法により取消しができます。しかし、契約締結から5年経つと消費者契約法による取消しはできません。

② 業者に騙されていたことに気づいた時から5年間は民法による取消しができます。しかし、契約締結から20年経つと民法による取消しはできません。

③ 契約の取消しのほか、不法行為に基づく損害賠償請求権が認められる場合もあります。

1 はじめに

金融商品販売業者は、「この金融商品は、途中価格変動はあるが、3年後

118

に必ず利益が出るように設計されている。3年間売らなければ必ずもうかり
ます」と言っています。3年経過後、金融商品の価格は購入時の10分の1に
下落していることから、金融商品販売業者は相談者に対し客観的な事実とは
異なる内容を告げているといえるので、不実告知にあたります（Q8など参
照）。また、必ずもうかるなどと将来において不確実な事項について決めつ
けるような判断の説明をしているので、断定的判断の提供にもあたります
（Q9など参照）。さらに、もうかるしくみでないことを認識しつつもうかる
などと告げた場合は民法上の詐欺にもあたります。

　そこで、相談者は、法4条1項1号・2号、あるいは民法96条1項に基づ
き契約を取り消すことができます。

② 取消権の行使期間

　消費者契約法上の取消権の行使期間については、民法上の取消権と同じく
短期行使期間と長期行使期間が定められています（法7条。〔図表13〕参照）。

〔図表13〕民法上の取消権と消費者契約法上の取消権の行使期間の違い

	民法126条	法7条
短期行使期間	追認をすることができる時から5年間	追認をすることができる時から1年間
長期行使期間	行為の時から20年間	当該消費者契約締結の時から5年間

　平成28年改正前の法7条1項は、取消権の短期行使期間を「6箇月間」と
していました。しかし、不当な勧誘を受けて契約を締結した消費者がこの期
間を徒過し、取消権を行使できなくなってしまう事案が少なからず存在した
ことから、消費者保護を図りつつ取引の安全を図り、法律関係の早期確定の
要請という点も考慮して、平成28年法改正は、短期行使期間を「1年間」に
伸長しました。

③　取消権行使の要件

(1)　短期行使期間の起算点——「追認をすることができる時」

　消費者契約法上の取消権の短期行使期間の要件である「追認をすることができる時」とは、取消しの原因となっていた状況が消滅した時をいいます（民法124条1項参照）。民法上の詐欺の場合は、詐欺を脱した時（騙されたことに気づいた時）が追認をすることができる時であり、消費者契約法では〔図表14〕の場合が追認をすることができる時に該当します。

〔図表14〕「追認をすることができる時」に該当する場合

不当勧誘の類型		短期行使期間の起算点
誤認類型		消費者が誤認したことに気づいた時
	不実告知 （法4条1項1号）	消費者が告げられた重要事項が事実と違うことに気づいた時
	断定的判断の提供 （法4条1項2号）	事業者の提供する断定的判断が事実と異なることを消費者が知った時
	不利益事実の不告知 （法4条2項）	告知されなかった不利益事実の存在を消費者が知った時
困惑類型（法4条3項）		消費者が困惑から脱した時
過量契約（法4条4項）		当該消費者契約を締結するか否かについて合理的な判断をすることができない事情が消滅した時

(2)　長期行使期間の起算点

　消費者契約法上の取消権の長期行使期間の起算点は、「行為の時」ではなく「契約締結の時」です。これは、申込みの日時等と異なり契約締結日は、契約書等から客観的に明確になるからです。

　これに対し、民法上の取消権の場合、「行為の時」が起算点となります。事業者と消費者が対面して契約を交わすときは、契約を交わした時が「行為の時」になります。事業者と消費者が離れた場所にいて、申込書を郵送に

よって契約を交わすときは、事業者に申込書が到達した時から時効の進行が開始します。

4　設問の場合

　設問の場合、相談者は契約締結から3年後に、事業者から告げられた重要事項が事実と違うこと、事業者の提供する断定的判断が事実と異なることに気づいています。そこで、相談者が上記の点に気づいてから1年以内であれば、法4条1項1号あるいは2号に基づき契約を取り消すことができます。仮に、騙されたことに気づいた時から1年を経過しても、5年以内ならば、民法96条1項に基づき取り消すことができます。

　消費者契約法により契約が取り消された場合、相談者は、現存利益の範囲で事業者に対し返還義務を負いますが（法6条の2。Q26参照）、事業者に支払った代金については全額の返還を求めることができます（民法121条の2）。

　これに対して民法96条1項により契約が取り消された場合、相談者・事業者とも原状回復義務を負うことになります（同法121条の2第1項）。

　また、事業者に故意または過失が認められる場合には、相談者が損害および加害者を知った時から3年以内であれば、民法709条に基づき損害賠償請求を行うこともできます。

Q29　不退去による勧誘により契約を締結してしまった場合、いつまで契約を取り消すことができるか

半年前に健康器具の販売員が突然やってきて、自宅で3時間にわたり説明を続けました。途中で買う気はないから帰ってほしい旨を述べたのですが、なおも食い下がって説明を続けたので、結局、話を聞くのも疲れて、早く帰ってほしいと思い購入してしまいました。契約から7カ月が経った今でもまだ取り消すことはできるのでしょうか。

▶▶▶Point

① 平成28年法改正で消費者取消権の短期行使期間が6カ月から1年に伸長されました。

② 短期行使期間の起算点は「追認をすることができる時」です。

③ 不退去による困惑の場合は、相手が住居等から退出した時が「追認をすることができる時」となりますが、退去後も消費者の心理的な困惑状態が継続している場合は、弁護士等の安心できる第三者に相談した時が「追認をすることができる時」です。

1　消費者契約法上の取消権の短期行使期間の伸長

平成28年改正前の法7条1項は、消費者契約法上の取消権の短期行使期間を「6箇月間」としていました。しかし、不当な勧誘を受けて契約を締結した消費者がこの期間を徒過し、取消権を行使できなくなってしまう事案が少なからず存在したことから、消費者保護を図りつつ法律関係の早期確定の要請という点も考慮して、平成28年法改正は、短期行使期間を従来の「6箇月間」から「1年間」に伸長しました。なお、長期行使期間については、従前

どおり、「当該消費者契約締結の時から5年間」です（Q28参照）。

2　困惑取消類型の場合の取消権の短期行使期間の起算点

(1)　「追認をすることができる時」

　消費者契約法上の取消権は、「追認をすることができる時から1年間」（短期行使期間）、追認をすることができなくても「当該消費者契約の締結の時から5年間」（長期行使期間）を経過すると時効によって消滅します（法7条1項）。

　このうち、短期行使期間の要件である「追認をすることができる時」とは、取消しの原因となっていた状況が消滅した時をいいます（民法124条1項参照）。そして困惑取消類型の場合、消費者が事業者の行為により困惑させられていた状況から離脱できた時が「追認をすることができる時」となります（なお、誤認類型についてはQ28を、過量契約取消しについてはQ30などを参照）。

　たとえば、困惑類型のうち、不退去（法4条3項1号）や退去妨害（同項2号）については、次の場合が「追認をすることができる時」となります。

①　不退去による困惑の場合（法4条3項1号）、相手が住居や勤務先等から退去し、困惑状態から解放された時となります。もっとも、消費者の心理的な困惑状態が事業者の退去後も継続している場合、消費者はなお困惑状態から解放されているとはいえず、取消権行使を期待できませんので、「追認をすることができる時」を「当該事業者が退去した時」とすると、起算点が早すぎることになります。そこで、このような場合は、消費者が弁護士等の安心できる第三者に相談するなどをした時点をもって「追認をすることができる時」になると考えるべきです。

②　退去妨害による困惑の場合（法4条3項2号）、意に反して脱出できなかった契約場所から離脱できて、心理的な困惑状態が解放された時となります。もっとも、離脱後も消費者の心理的な困惑状態がなおも継続

している場合、消費者は困惑状態から解放されているとはいえないことは、不退去による困惑の場合と同様です。

3　設問の場合

(1)　消費者取消権の行使

設問では、相談者は「買う気はないから帰ってほしい」と言っているにもかかわらず、販売員はなおも食い下がって説明を続けたことから、話を聞くのに疲れた相談者は、早く帰ってほしいと思い健康器具を購入しています。したがって、法 4 条 3 項 1 号（不退去）により契約の取消しができます（Q12参照）。

なお、平成28年改正法施行日（平成29年 6 月 3 日）前の契約の場合は短期行使期間が 6 カ月間なので、販売員の退去から 6 カ月が経過している設問の場合、取消権を行使できないようにも思えます。しかし、消費者の心理的な困惑状態が事業者の退去後も継続しているといえる事情がある場合であれば、消費者はなお困惑状態から解放されているとはいえないことから、「追認をすることができる時」という要件を満たしていないと考えられます。よって、7 カ月が経過している設問の場合でも取消権を行使できます。

(2)　クーリング・オフ

設問では、健康器具の販売員が突然家に来て健康器具の売買契約を行っていますので、特定商取引法上、訪問販売に該当します（同法 2 条 1 項 1 号）。訪問販売では、業者から法定書面（同法 4 条・ 5 条）を受け取ってから 8 日以内であれば、契約を解除することができます（クーリング・オフ。同法 9 条 1 項）。なお、法定書面に不備があれば期間制限の適用はなく、書面を受け取ってから 8 日を超えてもクーリング・オフができます。

したがって、設問でも、法定書面に不備があればなおクーリング・オフができます。

Q30 過量な内容の契約を締結した場合、いつまで契約を取り消すことができるか

大学の先輩が化粧品の会社を経営していて、その先輩から無理強いされて、毎月、到底使用しきれない量の化粧品を買わされています。最初に購入した時から、かれこれ1年半は経ちます。今回、先輩が逮捕されたので、これを機にこれまでの契約を取り消したいのですが、今からすべて取り消すことができるのでしょうか。

▶ ▶ ▶ Point

① 平成28年法改正により、過量契約取消権が規定されました。

② 過量契約取消権は「追認をすることができる時から1年間」、「当該消費者契約締結の時から5年」間は行使することができます。

③ 「追認をすることができる時」とは、過量契約取消権においては、合理的判断ができない状態から離脱した時をいいます。

1 過量契約取消権

高齢化の進展に伴い、高齢者の消費者被害が増加しています。そして、その中でも認知症の高齢者など合理的な判断をすることができない事情がある消費者に対し、その事情につけ込んで不当な勧誘を行うという、いわゆるつけ込み型勧誘が行われるなどしています。そのような勧誘の中でも、典型的で被害が多発しているのが、消費者に不必要な物を大量に購入させる事例です。このような場合に消費者救済を図るため、平成28年法改正により消費者取消権が認められました（法4条4項。詳細についてはQ21参照）。

125

2 過量契約取消権における「追認をすることができる時」

　過量契約取消権は、「追認をすることができる時から1年間」（短期行使期間）、「当該消費者契約の時から5年」間（長期行使期間）は行使することができます（法7条1項）。

　このうち、短期行使期間の要件である「追認をすることができる時」とは、取消しの原因となっていた状況が消滅した時をいいます（民法124条1項参照）。

　そして、消費者が過量な内容の契約を締結してしまうのは、当該消費者に当該消費者契約を締結するか否かについての合理的な判断をすることができない事情があるからと考えられます。

　そうだとすると、過量契約取消権の短期行使期間の場合、消費者において当該消費者契約を締結するか否かについて「合理的な判断をすることができない事情が消滅した時」が、「追認をすることができる時」となります（なお、誤認類型の場合はQ28を、困惑類型の場合はQ29を参照）。これを具体的にいうと、次のようになります。

① 　消費者が過量な内容の契約であることを認識できなかったために当該契約を締結してしまった場合は、消費者が過量な内容なものであることを認識した時が「合理的な判断をすることができない事情が消滅した時」となります。

② 　消費者には過量な内容の契約であることの認識はあったが、消費者が過量な内容の契約を断りたくても断り難い心理状態であったために契約をしてしまった場合は、断り難い心理状態を脱した時が「合理的な判断をすることができない事情が消滅した時」となります。

③ 　そもそも消費者には過量な内容の契約であるとの認識がないまま、断り切れず過量な内容の契約をしてしまった場合は、断り難い心理状態から脱したというだけでは足りず、これに加えて、過量な内容の契約であ

ることを認識した時をもって「合理的な判断をすることができない事情
が消滅した時」にあたるというべきです。

③ 設問の場合

(1) 過量契約取消権

　設問では、相談者は化粧品会社を経営している大学の先輩から無理強いさ
れて、毎月、到底使用しきれない量の化粧品を買わされています。この場
合、相談者の先輩は、消費者契約の目的である化粧品の量が、相談者にとっ
て通常想定される範囲を著しく超えるものであることを知りながら化粧品購
入の勧誘をしているといえます。また、相談者は、毎月、大量の化粧品を買
わされていることから、従前の購入分も合算した量は相談者にとっての通常
想定される範囲を著しく超えており、先輩はそのことを知りながら化粧品購
入の勧誘をしているといえます。したがって、設問の化粧品購入契約は過量
契約にあたり、相談者は、追認をすることができる時から１年間、化粧品の
購入契約から５年間は取消権を行使できます。

　そして、設問では、先輩・後輩という人間関係を利用した勧誘が行われて
いたことから、相談者は過量であることを認識しながらも、断りたくても断
り難い心理状態であったため化粧品の購入契約をしていました。そうであれ
ば、断り難い心理状態を脱した時をもって合理的な判断をすることができな
い事情が消滅した時といえるので、その時点が追認をすることができる時と
なります。

　したがって、設問の場合、先輩が逮捕されたことを相談者が知った時点が
断り難い心理状態を脱した時といえるので、その時点から１年以内であれ
ば、すべての契約を取り消すことができます。

(2) 過量販売解除権、クーリング・オフ

(A) 過量販売解除権

設問からは明らかではありませんが、化粧品の購入が訪問販売・電話勧誘

販売により行われていた場合、契約締結から1年以内であれば、特定商取引法上の過量販売解除権（同法9条の2、24条の2）を行使して契約を解除することができます。もっとも、設問の場合、最初の契約から1年半が経過しています。契約締結から1年を経過したものについては契約を解除することができません。設問のように、すべての契約を解除することができるわけではないことに留意してください。

　(B)　クーリング・オフ

　化粧品の購入が訪問販売・電話勧誘販売により行われていた場合、適法な法定書面（特定商取引法4条・5条、18条・19条）交付日から8日以内で、かつ同書面に化粧品を使用もしくは消費した場合はクーリング・オフができないとの記載がなければ、クーリング・オフにより契約を解除することができます（同法9条・24条・26条5項1号、特定商取引法施行令6条の4・別表3第5号）。

　設問の場合、適法な法定書面が交付されていなければ、クーリング・オフ期間は進行しないためクーリング・オフが可能です。

Q31 認知症の親が大量の健康食品を購入させられた場合、いつまで契約を取り消すことができるか

> 認知症の父は、訪問介護員（ヘルパー）さんの力を借りて、自宅で一人暮らしをしています。時々様子を見に行くのですが、ある日、健康食品がそれぞれ大量に置いてありました。とても一人で飲み切れる量ではありません。父親を問い詰めたところ、何度か事業者から勧誘の電話がかかっていたとのことです。残されていた送付書などを見ると１年以上も前から購入していたようです。本人は、認知症ということもあり、普通の人ならおよそ買わない量を購入したという認識がありません。このような場合でも契約を取り消すことはできるのでしょうか。

▶ ▶ ▶ Point

① 過量契約取消権の短期行使期間（１年）の起算点である「追認をすることができる時」とは、合理的判断をすることができない事情から離脱した時です。

② 消費者が認知症等を患って合理的判断ができないという事情がある場合、その症状が改善した等の特殊な事情がない限り、取消権の短期行使期間の時効は進行しません。

③ 上記②の状態であっても、消費者契約締結の時から５年が経過すると取消権を行使できません。

1 消費者契約法における取消権の行使期間

消費者契約法では、取消権の行使期間を「追認をすることができる時から

１年間」（短期行使期間）または「当該消費者契約の締結の時から５年」間（長期行使期間）としています（法７条１項）。

　以前の短期行使期間は、追認をすることができる時から６カ月間とされていましたが、短すぎて被害を受けた消費者の救済が図れないなどの批判から平成28年に改正されました（Q28参照）。

２ 過量契約取消権の「追認をすることができる時」の意味

　過量契約取消権も「追認をすることができる時から１年間」（短期行使期間）、「当該消費者契約の時から５年」間（長期行使期間）は行使をすることができます（法７条１項）。ただ、短期行使期間の「追認をすることができる時」の意味が条文からは明らかではありません。

　まず、「追認をすることができる時」とは、取消しの原因となっていた状況が消滅した時をいいます（民法124条１項参照）。

　そして、消費者が過量な内容の契約を締結してしまうのは、当該消費者契約を締結するか否かについての合理的な判断をすることができない事情が当該消費者にあるためだと考えられます。

　そうだとすると、過量契約取消権の短期行使期間の場合、消費者において当該消費者契約を締結するか否かについて「合理的な判断をすることができない事情が消滅した時」が「追認をすることができる時」となります（誤認類型の場合はQ28を、困惑類型の場合はQ29を参照）。これを具体的にいうと、次のようになります。

　① 消費者が過量な内容の契約であることを認識できなかったために当該契約を締結してしまった場合は、消費者が過量な内容なものであることを認識した時が「合理的な判断をすることができない事情が消滅した時」となります。

　② 消費者には過量な内容の契約であることの認識はあったが、消費者が過量な内容の契約を断りたくても断り難い心理状態であったため契約を

してしまった場合は、断り難い心理状態を脱した時が「合理的な判断をすることができない事情が消滅した時」となります。

③　そもそも消費者に過量な内容の契約であるとの認識がないまま断り切れず過量な内容の契約をしてしまった場合、断り難い心理状態から脱したというだけでは足りず、これに加えて、過量な内容の契約であることを認識した時をもって「合理的な判断をすることができない事情が消滅した時」にあたるというべきです。

③　消費者が認知症を患っていた場合

過量契約の場合、消費者取消権の短期行使期間の起算点である「追認をすることができる時」とは、「合理的判断をすることができない事情が消滅した時」となります。

しかし、消費者が認知症などを患っていたために、合理的な判断ができない状態となっていたことから契約をしてしまった場合、消費者の状態の回復が認められない限り、過量契約取消権の短期行使期間の起算点である合理的な判断をすることができない事情が消滅した時とはいえないので、消費者の状態が改善しない限り、短期行使期間の時効が進行することはありません。

ただ、消費者の状態の回復がないまま、「当該消費者契約の締結の時から５年を経過」すれば（長期行使期間）、取消権は行使できなくなります。

④　設問の場合

(1)　過量契約取消権

相談者の父親は、普通の人ならおよそ買わない量の健康食品を購入しており、父親の生活状況等から考えて、消費者契約の目的となる健康食品の分量等は父親にとって通常想定される範囲を著しく超えるものといえます。

さらに、設問では、相談者の父親は認知症を患っており、普通の人ならおよそ買わない量を購入したという認識がないということですので、認知症に

より合理的な判断ができない状態で健康食品を購入させられたといえます。

　したがって、父親の状態の回復がみられない限りは、合理的判断をすることのできない事情が消滅したとはいえず、短期行使期間の時効は進行しませんので、1年以上前の契約についても過量契約取消権を行使することができます。しかし、父親の状態の回復がみられないまま購入から5年が経過した契約があるときは、それについては取消権を行使することができなくなります。

⑵　過量販売解除権、クーリング・オフ

⒜　過量販売解除権

　設問では、相談者の父親は、電話勧誘販売により大量の健康食品を購入させられているので、契約締結から1年以内であれば特定商取引法上の過量販売解除権（同法24条の2）を行使して契約を解除することができます。もっとも、設問の場合、父親は1年以上も前から健康食品を購入しているので、契約締結から1年を経過したものについては契約を解除できず、すべての契約を解除できるわけではありません。

⒝　クーリング・オフ

　健康食品の購入が電話勧誘販売により行われていることから、適法な法定書面（特定商取引法18条・19条）交付日から8日以内で、かつ同書面に「健康食品を使用若しくは消費した場合クーリング・オフはできない」との記載がなければ、クーリング・オフにより契約を解除することができます（同法24条・26条5項1号、特定商取引法施行令6条の4・別表3第1号）。

　設問の場合、適法な法定書面が交付されていなければ、クーリング・オフ期間は進行していないことからクーリング・オフができます。

⑶　契約の無効

　相談者の父親は、認知症を患っており、普通の人ならおよそ買わない量を購入したという認識がないということですので、契約時に意思能力がなかったことを理由として、契約の無効を主張することもできます。

┌─ コラム⑥　追認と法定追認 ─────────────────

　　事業者の不当勧誘行為により消費者契約締結の意思表示をした消費者は、「追認をすることができる時から1年間」、その意思表示を取り消すことができます（法7条1項。Q28～Q31参照）。

　　追認とは、取消しの原因となる状況の消滅後に、取消し可能な行為であることを知ったうえで、当該行為を有効に確定する取消権者の意思表示をいいます（法11条1項、民法120条・122条～124条）。

　　したがって、誤認等による取消権があることを知りつつ、消費者が事業者に対し、「取り消さない」などと言ってしまった場合、当該意思表示は確定的に有効となるので、以後、取り消すことができなくなります。

　　では、消費者が特に積極的に契約継続を求める意思表示をしたわけではありませんが、誤認等による取消権があることを知りつつ、これを行使することなく、事業者に対して契約に基づくサービスの提供を求めた、あるいはサービスの提供を受けたような場合などはどうでしょうか。このように、仮に、消費者が追認の意思表示をしていなくても、取消権を有することを知って、あえて一定の行為をした場合にも、取消可能な行為が追認されたものとみなされます。これを法定追認といいます（法11条1項、民法125条）。

　　法定追認が認められる場合としては、上記のような場合以外にも、消費者が毎月の会費の支払いを継続してしまった場合などがあげられます。もっとも、支払いが自動継続引落しの手続によるものであった場合は、消費者自らが積極的に契約継続を前提として支払いを行ったとまでは評価できませんので、法定追認事由である「全部又は一部の履行」（民法125条1号）にはあたらないと考えられます。

　　なお、消費者契約に法定追認の適用を認めることは、消費者と事業者との間に情報量・質、交渉力格差があることを踏まえて消費者保護を図るという消費者契約法の趣旨（法1条）に沿いません。そこで、消費者契約については法定追認の適用はないという法改正がなされるべきでしょう。

└────────────────────────────────

第3章

不当条項規制

Q32　消費者契約法における不当条項とは何か

消費者契約法では、不当条項に該当するとその条項は無効になるそうですが、どのような条項が不当条項となるのでしょうか。

▶▶▶ Point

① 消費者契約法は、消費者の利益を一方的に害するような条項を「不当条項」として無効としています。

② 不当条項は、消費者がその内容を確認したうえで合意した契約条項であっても無効とされます（民法上の原則である「契約自由の原則」の例外）。

③ 消費者契約法は、8条から9条で無効となる不当条項を具体的に列挙したうえで、10条で不当条項に関する包括的な一般規定を定めています。

1 消費者契約において不当条項を無効とする必要性

(1) 契約自由の原則

私人間の契約について、民法は、「契約自由の原則」を基本原則としています。そのうえで、契約内容については、契約の内容が公序良俗違反（民法90条）となる場合（たとえば、妾契約は一般的には人倫に反する行為として無効となります）、あるいは強行法規違反となる場合（たとえば、借地借家法3条から8条に違反する特約で、借地権者に不利なものは無効となります（同法9条））を除いて、契約当事者間で自由に協議をして決めることができることになっています（民法91条）。

契約自由の原則は、契約当事者は、知識や情報、経済力や社会的地位はもちろん、交渉力も対等であるということが前提とされています。そして、対等な関係にある当事者同士が交渉して決めたものである以上、その内容は公

平かつ合理的なものになるはずです。そのため、成立した契約内容に対する介入は、契約自由の原則に反することになりますので、できる限り排除されなければならない（その内容で合意した以上、契約当事者はその契約を守らなければならない）ということになります。

(2)　消費者契約の特殊性

　もっとも、消費者と事業者との間の契約である消費者契約（法2条3項）の場合、事業者は、自身が扱っている商品等の内容や取引条件についての情報を消費者よりも多くもっていますし、当該事業に関する法律等についても、消費者より詳しい情報をもっているのが一般的です。また、事業者のほうが消費者よりも当該事業に関する交渉ノウハウをもっています。さらに、契約締結に際し、契約条項は、通常、同種の取引を大量に、迅速かつ画一的に処理する必要から事業者自身が作成しますので、事業者のほうが消費者よりも各条項に関する知識をもっています。また、上記のような必要から事業者があらかじめ設定した契約条項の変更を消費者が求めたとしても、その要望が通るというようなことはほとんどあり得ません。

　このように、消費者契約においては、消費者と事業者は、民法が前提とするような、知識や情報、経済力や社会的地位、交渉力において対等な関係にあるということはできません。

(3)　消費者契約において不当条項を無効とする必要性

　上記のように、事業者と消費者との間に格差があることが前提とされる消費者契約では、大量の同種取引を迅速・画一的に処理するために事業者があらかじめ契約内容を作成していますので、消費者が、当該契約内容が自己（消費者）に不利なものであるということで、その内容の変更を求めたとしても、事業者はこれに応じてくれません。消費者としては、事業者が一方的に決めた取引条件や内容を受け入れるか、納得できないということで契約をしないという選択肢しかありません。

　しかし、このような状態を放置すると、消費者の利益が害されるのみなら

ず、公正な競争も妨げられることになります。そこで、消費者契約法は、事業者と消費者との間に情報の質・量、交渉力の格差があるというこのような状況を前提に、消費者の利益擁護と国民生活の安定向上・国民経済の健全な発展に寄与することを目的として、消費者に一方的な不利で、合理性のない条項を「不当条項」として無効とする制度を設けたのです（法1条・8条～10条）。

② 不当条項制度の概要

(1) 意　義

消費者契約法は、第2章第2節（法8条～10条）で消費者契約成立後に問題となる不当な契約条項（不当条項）の無効に関する民事ルールを定めています。

不当条項制度とは、消費者の利益を一方的に害するような契約条項を「不当条項」として、これを無効とする制度のことです。

不当条項に関する規定として、消費者契約法は、法8条から9条で、契約条項の全部または一部が無効となる規定を具体的に列挙して規定しています（いわゆるブラックリスト）。しかし、それら以外にも無効とされるべき契約条項が想定されることから、消費者契約の契約条項が無効とされる包括的一般的な基準を法10条で規定し、法8条から9条以外の場合についても、不当条項として契約条項が無効とされる場合がある旨を定めています。

(2) いわゆるブラックリストを定めたもの

消費者契約法が具体的に列挙した不当条項としては次のものがあります（〔図表15〕。詳細はQ33～Q46参照）。

〔図表15〕消費者契約法が規定する不当条項

内　容	条　文
①事業者の損害賠償義務に関する条項 　ⓐ事業者の損害賠償義務の減免条項 　ⓑ事業者の損害賠償義務に関する決定権限付与条項	法8条
②消費者の法定解除権に関する条項 　ⓐ消費者の法定解除権を排除する条項 　ⓑ消費者の法定解除権の排除に関する決定権限付与条項	法8条の2
③消費者の後見等の開始を理由とした事業者への解除権付与条項	法8条の3
④消費者の過大な違約金支払義務・損害賠償義務を定める条項	法9条

⑶　包括的一般的規定を定めたもの

　法8条から9条に該当しない場合であっても、任意規定の適用による場合に比べて消費者の権利を制限しまたは消費者の義務を加重する規定であって、民法1条2項の基本原則に反して、消費者の利益を一方的に害する規定は、不当条項として無効となります（法10条。Q47～Q51参照）。

③　不当条項に該当した場合の効果

⑴　民事上の効果

　契約条項が不当条項となる場合、契約全体が無効となるわけではありませんが、当該契約条項は無効となります。その結果、何の特約もなかったことになります。たとえば、不当な損害賠償義務免除条項があったとしても、消費者は、債務不履行（民法415条）・不法行為（同法709条）等に基づいて、事業者に対し、損害賠償請求をすることができます。

⑵　手続上の効果

　契約条項が不当条項にあたる場合、適格消費者団体による差止請求の対象となります（Q55参照）。

Q33　消費者契約法8条が適用されるのはどのような場合か

法8条は不当条項に関する規定を定めたものと聞きましたが、同条が適用されるのは、どのような場合でしょうか。

▶ ▶ ▶ Point

① 法8条1項は、事業者の責任の全部を免除する条項などを不当条項として列挙したものです。

② 事業者の責任を免除する条項だけではなく、事業者が責任の有無や限度を決定することができる条項も不当条項とされました（平成30年法改正）。

③ 法8条2項は、事業者の契約不適合責任（瑕疵担保責任）に基づく損害賠償責任の全部または一部を免除する条項についての例外規定を定めたものです。

1　法8条1項の趣旨

消費者契約においては、事業者が大量取引を迅速かつ画一的に処理しながら安定した契約を確保するために、消費者に対し、消費者の損害賠償請求権を排除し、あるいは制限するなど、不当な負担を強いる場合があります。しかし、事業者と消費者との間に情報・交渉力の格差がある状況において、消費者がかかる条項を是正することは困難です。

そこで、消費者契約法は不当条項制度を設け、法8条1項においては、損害を受けた消費者が正当な額の損害賠償を請求できるよう、事業者が民法等の任意規定に基づき負うことになる損害賠償責任を免除または制限する特約は、不当条項として無効とする旨の規定を設けました。

② 法8条1項で不当条項とされる場合

(1) 法8条1項の不当条項

法8条1項により不当条項とされるのは〔図表16〕のとおりです。

〔図表16〕法8条が規定する不当条項

条項	責任の根拠	無効となる条項	
1号	債務不履行	責任の「全部」免除条項	責任の「決定権限付与」条項（Q35参照）
2号	債務不履行（故意または重過失）	責任の「一部」免除条項	
3号	不法行為	責任の「全部」免除条項	
4号	不法行為（故意または重過失）	責任の「一部」免除条項	

※　平成29年改正民法施行により瑕疵担保責任は削除されました（旧5号）。

(2) 法8条1項の改正

　平成28年法改正前の法8条1項3号・4号は、「当該事業者の……『民法の規定による』責任」と規定していましたが、対象を民法の規定による責任に限定する理由はありませんので、平成28年法改正により同文言は削除されました。また、事業者が損害賠償責任等の決定権限を付与する条項は、事業者の損害賠償責任を免除する条項と実質的に同じ効果をもつと評価できますので、平成30年法改正において、事業者の損害賠償責任等の決定権限付与条項も不当条項とされました。

(3) 民法改正との関係

　法8条2項は、同条1項5号に該当する契約条項であっても、例外的に無効とはならない場合について定めていました。しかし、平成29年改正民法では、いわゆる瑕疵担保責任（改正前民法570条）の概念がなくなり、引き渡された目的物に瑕疵がある場合の損害賠償請求は、債務不履行の規定に基づくことになりましたので（民法562条～564条）、法8条1項5号は削除されるこ

とになりました。また、それにあわせて、後述 **4** のとおり、同条2項の規定も変更されることとなりました。

3　法8条1項により不当条項とされた場合の効果

法8条1項の不当条項に該当すると、当該条項は無効となりますが、契約全体が無効となるわけではありません。その結果、損害賠償責任については何の特約もなかったことになり、民法の債務不履行等の規定により解決されることになります。また、「理由の如何を問わず、一切責任を負わない」との条項が不当条項として無効になったとしても、事業者は「いかなる理由があったとしても損害賠償責任を負う」ことになるわけではありません。

4　法8条1項の例外規定である同条2項の趣旨

法8条2項は、同条1項1号・2号（改正前は5号）の例外として、消費者契約が有償契約である場合において、契約不適合による事業者の債務不履行（改正前は瑕疵担保責任）に基づく損害賠償責任の全部または一部免除条項があったとしても同条1号または2号に該当する場合は、当該契約条項を無効とはしない旨を定めています。これは、事業者の損害賠償責任免除条項や責任の有無・限度決定条項があったとしても、当該事業者による履行の追完責任や代金減額責任（1号）、あるいは当該事業者ではなく他の事業者による損害賠償責任や履行の追完責任（2号）が別に定められている場合、消費者には救済手段が残されており、消費者の正当な利益が侵害されているとまではいえないからです。

法8条2項が適用されると、同条1項1号・2号は適用されず、その結果、事業者の損害賠償責任免除条項等は無効とはならなくなります。ただし、同項に該当する場合であっても、一般条項である法10条適用により無効となり、損害賠償責任が認められる場合もあります。

Q34　「一切責任を負わない」旨の契約条項は有効か

会員となって通っているスポーツクラブでケガをしました。スポーツクラブ側は、会員規約に「本クラブの利用による事故については、本クラブは一切責任を負わない」旨の規定があるとして、一切賠償に応じようとしません。このような規定は有効なのでしょうか。

▶ ▶ ▶ Point

① 消費者契約法は、事業者の責任の全部を免除する条項などを無効とする旨を定めています。

② 「一切責任を負わない」旨の契約条項は不当条項に該当し、無効となります。

1　全部免責条項

(1)　全部免責条項とは

事故の原因が利用者の不注意など消費者側にある場合には、スポーツクラブ、すなわち事業者側に責任がないという言い分は不当とはいえません。

しかし、設問のケースは、スポーツクラブである事業者側に事故の原因がある場合も責任を負わないという規定になっています。

事業者側に事故の原因があれば、債務不履行責任（民法415条）や不法行為責任（同法719条）による損害賠償義務を負うことになるはずですが、このような責任を一切負わないとするのが全部免責条項と呼ばれるものです。

(2)　法8条1項1号・3号

事業者側が、本来、債務不履行責任（民法415条）や不法行為責任（同法709条）による損害賠償義務を負うべきところ、規約や契約の存在を根拠と

して、その責任を一切負わないという結論が不当であることは明らかです。

　そこで、消費者契約法は、事業者の全部免責条項を不当条項として無効にしています（不当条項の内容についてはQ32参照）。

　法8条1項は、1号で債務不履行責任の全部免責条項を無効とし、3号で不法行為責任の全部免責条項を無効としています。なお、平成29年改正民法施行（令和2年4月1日）前の法8条1項は、5号で瑕疵担保責任の全部免責条項を無効とする旨の規定を設けていましたが（Q35参照）、改正民法の施行により同号は削除されました。

　設問のケースでは、単に「一切責任を負わない」と規定しており、債務不履行責任も不法行為責任もいずれも責任を負わない趣旨と読めますので、法8条1項1号および3号により無効となります。

　無効になる結果、債務不履行責任や不法行為責任については何らの特約もないこととなりますので、消費者は民法に従って事業者の債務不履行責任（民法415条）や不法行為責任（同法709条）を追及することができます。

2　一部免責条項

　上述のような全部免責条項ではなく、一部免責条項を定めている事業者も存在します。一部免責条項というのは、事業者が責任を負うことは認めつつ、その賠償額の上限を定める（上限を超えた部分については責任を負わない）というのが典型例です。

　このような一部免責条項も、消費者契約法では不当条項として無効になる場合を定めています。

　法8条1項2号では、事業者の債務不履行責任が故意または重過失による場合に事業者の責任を一部免責する条項を無効としています。また同項4号では、事業者の不法行為責任が故意または重過失による場合に事業者の責任を一部免責する条項を無効としています。

　したがって、一部免責条項があったとしても、それが事業者に故意または

重過失があった場合を含むものであれば、その条項は無効となり、消費者は事業者に対して民法に従って債務不履行（民法415条）や不法行為（同法709条）に基づく損害賠償を請求することができます。

なお、形式的に一部免責条項にあたるとしても、免責の範囲が広すぎる場合、言い換えれば賠償を受けられる範囲が微々たる場合も考えられます（極端な例でいえば「賠償の上限額を１円とする」というような場合）。この場合は、実質的には全部免責条項と異ならないことから、事業者の故意または重過失にかかわらず、当該条項は法８条１項１号・３号により無効と考えるべきです。

また、法８条の定める不当条項には該当しないという場合であっても、法10条の一般規定によって無効となることも考えられます。

③ 規約以外の免責条項

設問のような会員規約などに全部免責条項が入っている場合が典型例ですが、会員規約などの形をとっていなくても、たとえば「施設内でいかなる事故が生じても一切事業者に責任を問いません」という契約書を契約時に事業者に差し入れるケースも考えられます。もっとも、契約書を差し入れなければ契約ができない点に鑑みれば、契約書の内容も契約条項の一部になっていると考えられます。このような場合も全部免責条項に該当し、不当条項として無効となります。

全部免責条項に該当するかどうかは形式的に判断するのではなく、契約文言や契約の経緯などを総合的に検討して実質的に判断をすることになります。

Q35 責任の有無について事業者が決定する旨の契約条項は有効か

通信販売で購入した衣装ケースが不良品で、入れていた衣装が損傷してしまいました。そこで通信販売業者に損傷した衣装について損害賠償を求めたところ、「損害賠償するのは当社が過失または欠陥を認めたときに限ると書いてあります。調査の結果、製品の欠陥は認められないから賠償しません」と言われました。約款に書いてある以上、どうすることもできないのでしょうか。

▶▶▶ Point

① 消費者契約法は、事業者にその責任の有無や限度を決定する権限を付与する条項を無効とする旨を定めています（平成30年法改正により新設）。

② 「損害賠償するのは当社が過失または欠陥を認めたときに限る」旨の契約条項は不当条項に該当し、無効となります。

1 不当条項に損害賠償責任等の決定権限付与条項が加えられた経緯

　平成30年法改正の前までは、事業者にその責任の有無や限度を決定する権限を付与する条項（損害賠償責任等の決定権限付与条項）は、法10条の規定（消費者の利益を一方的に害する条項の無効）により無効となる可能性はありましたが、法8条により無効となる条項にはあたらないといわれていました。

　しかし、損害賠償責任等の決定権限付与条項は、事業者にその責任の有無や限度を決定する権限を与えるという条項の性質上、事業者があらゆる場合に責任を認めないなど、その権限を適切に行使しないことにより、消費者が

正当な賠償を請求できなくなってしまうおそれがあります。すなわち、損害賠償責任等の決定権限付与条項は、事業者の損害賠償責任を免除する条項と実質的に同じ効果を有するといえます。

そこで、平成30年法改正で、法8条1項の不当条項に損害賠償責任等の決定権限付与条項が加えられました。

② 当該事業者にその責任の有無を決定する権限を付与する条項

(1) 法8条1項1号・3号

事業者の消費者に対する債務不履行（法8条1項1号）、あるいは不法行為（同項3号）に基づく損害賠償責任について、民法415条、あるいは民法709条等によれば事業者が損害賠償責任を負うにもかかわらず、債務不履行責任や不法行為責任の有無の決定権を当該事業者がもつことで、当該事業者が責任の全部を負わないことを可能にする条項を無効とするものです。具体的には、法8条1項1号では、債務不履行責任自体の有無、事業者の債務不履行の事実や帰責事由、損害の有無などを事業者が決定できる権限などがこれにあたり、同項3号では、不法行為責任自体の有無や、事業者の注意義務違反や故意または過失、損害の有無などを事業者が決定できる権限などがこれにあたります。たとえば、「当社の定める基準により、当社の過失の有無を判断するものとします」という条項などです。

(2) 法8条1項5号

法8条1項5号は、令和2年4月1日に施行された民法（債権法）改正に伴い、削除されました（民法整備法98条）。

なお、同日より前に契約された消費者契約には、引き続き、適用されます（民法整備法99条2項）。法8条1項5号は次のような規定でした。すなわち、売買契約や賃貸借契約のような有償契約の目的物に隠れた瑕疵があるときに、事業者が瑕疵による損害賠償責任を負うにもかかわらず、瑕疵担保責任の要件である「隠れた瑕疵」の有無の決定権を当該事業者がもつことで、

当該事業者が責任の全部を負わないことを可能にする条項を無効とするものです。たとえば、「当社が結果の有無の判断を行い、当社において欠陥があると認めた場合にのみ損害賠償をします」という条項などです。これに対し、「瑕疵を知ってから〇カ月以内のお申出に限り賠償します」という条項は、瑕疵担保責任の全部免責条項ではないので、法8条1項5号には該当せず、法10条により無効となりうるものです。

3 当該事業者にその責任の限度を決定する権限を付与する条項 ──法8条1項2号・4号

　当該事業者や、その代表者またはその使用する者の故意または重過失による債務不履行（法8条1項2号）、あるいは不法行為（同項4号）に基づく損害賠償責任について、その一部を免除することは許容されないにもかかわらず、当該事業者の決定により、責任の限度を決めてしまう条項を無効とするものです。たとえば、「当社が損害賠償責任を負う場合、上限額は金5万円とします。ただし、当社に故意または重過失があると当社が認めたときは、全額を賠償します」との条項を理由に、債務不履行あるいは不法行為が事業者等の故意または重過失によるものであるにもかかわらず、事業者が故意または重過失がないと判断することによって一部免責を主張することを可能とする場合などです。

　なお、故意または重過失による上記損害賠償責任を制限する条項であっても、責任全部を免除する条項は、法8条1項2号・4号には該当せず、同項1号あるいは3号に該当します。

4 効　果

　当該条項が損害賠償責任の有無等の決定権限付与条項として認められると、不当条項になりますので無効となります。その結果、事業者は、原則どおり、債務不履行責任等の規定に従って損害賠償義務を負うことになりま

す。

5　設問の場合

　設問の場合、事業者は品質につき問題のない衣装ケースを交付しなければならないところ、不良品の衣装ケースを交付したという点で、通信販売業者には債務不履行責任があるといえます。そして、この通信販売業者の約款には「損害賠償するのは当社が過失又は欠陥を認めたときに限る」と書いてあることから、損害賠償責任等の決定権限付与条項にあたります。

　したがって、少なくともこの約款の条項は法8条1項に基づき無効になりますので、相談者は通信販売事業者に対して民法に基づく損害賠償請求をすることができます。

Q36 購入した子犬が亡くなった場合、代犬を渡すが返金には応じない旨の契約条項は有効か

　先日、ペットショップに行ったところ、可愛い子犬がいたので、一目惚れして購入しました。しかし、購入して1カ月と経たないうちに亡くなってしまいました。購入する前から問題があったとしか考えられません。納得がいかなかったのでお金を返してもらおうとペットショップに行ったところ、「当店の規約では、1カ月以内に死亡した場合は、代わりの子犬をお渡ししますが、返金には応じないことになっています」と言われました。私としては、あの子犬が可愛かったから買ったのであり、同じ犬種でも他の子犬はいらないので代わりの子犬を渡されても困ります。

　このようなペットショップの規約は有効なのでしょうか。

▶ ▶ ▶ Point

①　消費者契約法は、事業者の消費者に対する債務不履行に基づく損害賠償義務を免除等する条項を無効としています。

②　消費者契約法は、当該事業者による履行の追完責任を負う等の条項がある場合には上記①の規定は適用されない旨を定めています。

③　ペットのような個体ごとに大きく性質が異なるような商品を代品として交付することを定めた条項でも、法8条2項1号の「履行の追完をする責任」を定めたといえるかが問題となります。

1　はじめに

　事業者が消費者と売買契約等の有償契約を締結した場合に、売買の目的物

が、種類・品質・数量等に関して契約内容に適合しなかった場合、買主は、売主に対して履行の追完請求権（民法562条1項）を行使したり、追完に応じない場合は代金減額請求権（民法563条1項）を主張することができます。また、このような手段によらず売主に債務不履行が認められる場合、損害賠償請求（民法415条）や契約の解除（民法541条・542条）を主張することもできます（民法540条）。

　設問では、相談者は、子犬をペットショップから購入したところ、購入して1カ月と経たないうちに亡くなってしまったとのことですから、引き渡された子犬が売買契約で予定された「品質」を備えていたのかどうかが問題となります。もし、売買契約時に長く生きることができないような病気や、生まれつき長く生きられないというような遺伝的特性があったのだとすると、そのような病気や遺伝的特性がない子犬を売買契約の対象としていたとするのが契約当事者の認識に合致すると思われます。

　よって、そのような事情がある場合、交付された売買契約の目的物の「品質」が契約内容に適合しないものであったとして、履行の追完や代金減額を請求するほか、買主は、売主の債務不履行に基づき契約の解除を主張し、売買代金の返金を求めることができるというのが原則です。

② 事業者の債務不履行に基づく損害賠償責任を免除する条項

　損害賠償請求に関する民法の規定はあくまで任意規定のため、売買契約に基づき引き渡された物の性質が売買契約の内容に適合しなかった場合にも、消費者に生じた損害賠償責任を免除等するというような取決めをすることも認められます。

　しかし、このような条項は、消費者の正当な権利行使の機会を制限するものですので、類型的に不当性が高いといえます。

　そこで、法8条1項は、事業者の債務不履行・不法行為により消費者に生じた損害を賠償する責任を免除し、または当該事業者にその責任の有無を決

定する権限を付与する条項などを無効とする規定を置いています。

　なお、法8条1項は、5号で瑕疵担保責任に基づく損害賠償責任の全部免除条項等について規定していましたが、平成29年改正民法の施行により瑕疵担保責任の概念はなくなり、債務不履行の規定に基づくことになったため、同号は削除されました（Q35参照）。

3　履行の追完責任・代金減額責任条項がある場合

⑴　法8条2項1号の趣旨

　事業者の債務不履行により消費者に生じた損害賠償責任を免除等する条項が規定されていたとしても、当該事業者が履行の追完責任や代金の減額責任を負う場合、消費者には救済手段が残されていることから、必ずしも消費者の正当な権利が侵害されているとまではいえません。

　そこで、法8条2項1号は、①引き渡された目的物が種類または品質に関して契約の内容に適合しないときに、②当該事業者が履行の追完をする責任または不適合の程度に応じた代金もしくは報酬の減額をする責任を負うこととされている場合、法8条1項1号・2号は適用されず、同項各号の要件を満たすような条項でも例外的に無効とならないとしました。もっとも、問題となる免責条項が法10条により無効となる余地は依然として残っています。

⑵　履行の追完

　「履行の追完」とは、当該契約の趣旨・目的に照らし、本来の目的物に代えて契約内容に適合する物、具体的には、当該消費者契約の趣旨・目的および取引通念に照らして同種・同性能の物でかつ瑕疵のない物を給付することです。

　したがって、目的物の個性に特に着目した取引の場合、単に同種の物を代替給付したとしても、履行の追完とはいえない場合があるといえます。

　たとえば、ペットなどの生き物の売買契約においては、通常、消費者は、その個性に着目して購入しており、単純に品種が同じであっても、代替給付

とはなり得ないと考えられます。したがって、同品種の別の個体を交付することを定めた条項では、「履行の追完をする責任」を定めたとはいえないと評価されることとなります。

(3)　不適合の程度に応じた代金・報酬減額責任

代金等減額責任条項がある場合には、その内容が不適合の程度に応じたものであることが必要です。もっとも、法8条2項1号はあくまで同条1項1号・2号の例外規定を定めたものですので、不適合の程度に応じたものといえるかどうかは、消費者契約法の趣旨・目的等に照らして慎重に判断する必要があります。

4　設問の場合

設問の場合、規約上、1カ月以内に死亡した場合には、返金には応じないとのことですから、事業者の債務不履行により生じた損害賠償責任の全部を免除する条項といえます。他方で、返金には応じないが、代わりの子犬を渡すとのことですので、引き渡された目的物が品質に関し内容に適合しないときに、当該事業者が履行の追完をする責任を負う条項となり、法8条1項1号の例外規定である同条2項1号により設問の規約はなお有効であるようにもみえます。

しかし、上記のとおり代犬を提供する条項では、「履行の追完をする責任」を定めたといえず、返金義務を免除する条項は無効と考えられます。相談者としては、債務不履行責任に基づき売買代金相当額の請求をしたり、契約の解除を主張して代金の返還を求めることができると考えられます。

Q37　リース契約上、リース会社は一切の責任を負わない旨の契約条項は有効か

　車が欲しくなり、知人に勧められてマイカーリースの契約をしましたが、運転中に車が動かなくなり、修理工場に持ち込んだところ初期不良があったことが判明しました。

　リース車両のため、リース会社に連絡したところ、「リース契約上、弊社は一切の責任を負わないこととなっています。協力はしますので、あなたとメーカーで直接話し合ってください」と言われました。

　幸い、メーカーが無償で修理してくれましたが、リース会社のこのような契約は問題ないのでしょうか。

▶▶▶ Point

① 　消費者契約法は、事業者の消費者に対する債務不履行に基づく損害賠償義務を免除等する条項を無効としています（法8条1項1号・2号）。

② 　消費者契約法は、当該事業者に代わって他の事業者が履行の追完責任を負う等の条項がある場合には、上記①の規定は適用されない旨を定めています（法8条2項2号）。

③ 　他の事業者が倒産している場合でも、法8条2項2号による同条1項1号・2号の適用除外を認めてよいかが問題となります。

1　はじめに

　リース契約は、ユーザーが機械設備等の何らかの物品を必要とする場合、リース会社がユーザーに代わって必要な物件をサプライヤー（販売業者）から購入し、これをユーザーに使用収益させ、リース期間中に投下資本のほぼ

全額をリース料として回収する取引です。ユーザーとリース会社との間の関係は、形式上は賃貸借契約関係ですが、賃貸借契約との違いは、中途解約をしても、リース料の支払い義務は消滅せず、リース期間分の残代金をすべて支払わなければならない点などにあります。消費者と販売店の間には、直接の契約関係がなく、リース会社との間にのみ契約（リース契約）が成立している点も特色といえます。

　民法には、リース契約について直接定めた規定はありませんが、リースの目的物が種類、品質等に関して契約内容に適合しないときは、リース会社に対し、目的物の修補、代替物の引渡し、不足分の引渡しによる履行の追完を請求できることになります（民法559条・562条１項）。もっとも、民法の損害賠償責任等の規定は任意規定ですので、当事者間でこれらの責任を免除する合意をした場合、その合意は原則として有効です。しかし、リース契約が消費者と事業者であるリース会社との間で締結された場合は、消費者契約に該当しますので（法２条３項）、事業者の債務不履行により消費者に生じた損害を賠償する責任の全部を免除する条項は原則として無効となります（法８条１項１号。Q34参照）。

② 他の事業者が損害賠償責任等を負うとされている場合

　事業者の契約内容不適合責任に基づく債務不履行により消費者に生じた損害賠償責任を免除等する条項が規定されていたとしても、当該事業者に代わって他の事業者が損害賠償責任や履行の追完責任を負う場合、消費者には救済手段が残されているので、必ずしも消費者の正当な権利が侵害されているとまではいえません。そこで、法８条２項２号は、そのような場合に一定の要件を満たせば、同条１項１号・２号の要件を満たす契約でも例外的に無効とならないとしました。もっとも、問題となる免責条項が法10条の一般規定により無効となる余地は残っています。

3　法8条2項2号の要件

　法8条2項2号は、〔図表17〕の要件を満たす場合には、同条1項1号・2号は適用されず、事業者の損害賠償責任の免除等条項も有効としています。

〔図表17〕法8条2項2号の要件　　　　　（①、②いずれも「iまたはiiの充足」）

①	ⅰ	当該消費者と当該事業者の委託を受けた他の事業者との間の契約
	ⅱ	当該事業者と他の事業者との間の当該消費者のためにする契約
②	ⅰ	当該消費者契約の締結に先立って締結された契約であること
	ⅱ	当該消費者契約と同時に締結された契約であること
③		当該他の事業者が契約内容不適合により生じた損害賠償責任等を負うこと

(1)　「当該事業者の委託を受けた他の事業者」

　他の契約の当事者が資力のない者である場合のように、実質的に消費者の損害賠償請求権等を排除する契約が行われるおそれがあることから、当該事業者に代わって責任を負う第三者は「事業者」でなければなりません。また、法8条2項2号の規定は、当該事業者自らが責任を負う代わりに、特にその責任を他の事業者に転嫁する場合になるので、当該事業者から委託を受け、それを承諾した事業者であることが必要です。

(2)　「当該事業者と他の事業者との間の当該消費者のためにする契約」

　この場合、いわゆる第三者のためにする契約（民法537条）に基づき、消費者は他の事業者に対し請求権を有することから、消費者の権利が不当に制限されているとまではいえないからです。

(3)　「当該消費者契約に先立って又はこれと同時に締結されたもの」

　〔図表17〕①の契約はいずれも、当該消費者契約より前か、遅くとも同時に締結されていなければなりません。これは、当該契約の不当性を判断するには、契約締結時までに現れた事情によって判断する必要があるためです。

4　他の事業者の倒産と法8条2項2号の適用の可否

「他の事業者」が倒産しているような場合であっても、法8条2項2号は適用されるのでしょうか。

この点、当該事業者に代わって責任を負う第三者が事業者に限定されたのは、資力のない者に損害賠償責任を負わせ、当該事業者が損害賠償責任を免れるような事態を防ぐためです。したがって、ここにいう「他の事業者」は、事業内容として損害賠償責任を負担しうるに値する内実を備えている者と解すべきであり、そのような内実を欠く者は形式的に法人や事業を行う個人であってもこの要件に該当しないと解釈するか、もしくは、信義則上本号の適用の主張は許されないと解釈すべきです。たとえば、当該消費者契約締結時に、当該他の事業者の倒産が予測されるような経営状況が明らかであって実際に倒産した場合などは、「他の事業者」の該当性を否定するか、もしくは、信義則上本号の適用の主張は許さないと解釈し、リース会社に直接損害賠償請求を行うことができると考えます。

5　設問の場合

設問のマイカーリース契約は、消費者と事業者との間で締結されたものですので、消費者契約にあたります。したがって、「弊社は一切の責任を負わない」というような条項がリース契約書に記載されているとすれば、当該条項は消費者に生じた損害を賠償する責任の全部を免除する条項に該当することになりますので、原則として無効ということになります。

しかし、リース契約締結前またはそれと同時に、相談者とリース会社から委託を受けた販売店との間で、あるいは販売店とリース会社の間で「自動車に欠陥があった場合の修補義務等は販売店が消費者に対して直接負担する」というような契約が締結されていれば、「弊社は一切の責任を負わない」というような条項も有効となります。

Q38 事業者が瑕疵の存在を認めた場合に限り、解除を 受け付ける旨の契約条項は有効か

私は、令和2年5月1日に時計店で高級腕時計のAとBの二つを購入し、時計Aはその場で持ち帰り、もう一つの時計Bは1週間後に届くことになっていました。しかし、1週間経っても、時計Bは届きませんでした。しかも、持ち帰った時計Aについても不具合があったのか、すぐに動かなくなってしまいました。時計A・Bの売買契約書に、いずれも「いかなる理由があろうと契約後の解除は一切受け付けないものとします。ただし、当社が商品に瑕疵の存在を認めた場合に限り、例外的に契約の解除を受け付けるものとします」という規定が入っていた場合、各売買契約を解除できるのでしょうか。

▶▶▶ Point
① 法8条の2は、債務不履行に基づく解除について、事業者が認めた場合にのみ解除ができる旨の条項を無効としています。
② 平成29年民法改正により、法8条の2は、債務不履行か瑕疵担保責任かを区別せず、事業者の債務不履行に基づく責任を放棄させる条項等を無効とする規定に改正されました。

1 消費者の解除権を放棄させる条項等の無効（法8条の2）

　事業者が契約に定められた債務を履行しなかった場合や目的物に瑕疵がある場合に消費者が契約を解除できないとすると、消費者は不要となった契約に拘束され続けるとともに、新たな契約先を求める機会をも失うことになるので、消費者の解除権を放棄させる条項は類型的に不当性が高いものといえ

ます。そこで、平成28年法改正において、消費者が債務不履行や瑕疵担保責任（以下、「債務不履行等」といいます）の規定に基づく解除権を正当に行使することができるように、債務不履行等に基づく消費者の解除権をあらかじめ放棄させる条項を無効としました。

　また、平成30年法改正において、消費者の解除権に係る事業者の決定権限付与条項についても、類型的に不当性が高いことから、これを無効とする内容の改正がされました。

2　民法改正に伴う法8条の2の改正

　平成29年改正民法施行前の法8条の2は、債務不履行（1号）および瑕疵担保責任（2号）に基づく解除権を放棄させる条項等を無効としていました。しかし、同改正で、契約の目的物に契約不適合（従前「瑕疵」と呼んでいたもの）があった場合の解除は、債務不履行の規定に基づいて行われることとなったため（民法564条参照）、改正民法施行日（令和2年4月1日）以降は、消費者契約法も債務不履行か瑕疵担保責任かを区別することなく、事業者の債務不履行に基づく消費者の解除権を放棄させる条項等を無効とするものにまとめられる形で改正されました。なお、改正民法施行前に締結された消費者契約については、平成29年改正民法施行後も従前の規定が適用されます（民法整備法99条2項）。

3　目的物に瑕疵があった場合

　「瑕疵」とは、当該契約の予定した性質または取引の通念からみて何らかの欠陥があることをいいます。平成29年改正前の民法570条・566条では、売買の目的物に隠れた瑕疵があり、その瑕疵によって契約の目的を達成できない場合は買主に契約解除権を、また目的達成いかんにかかわらず損害賠償請求権を規定していました。これを受け、消費者契約法は、瑕疵担保責任に基づく買主の解除権を放棄させる条項等を無効としていました（改正前法8条

の2第2号)。

　平成29年改正民法では、民法570条に定めていた隠れた瑕疵の概念がなくなり、売主は、買主に対し、種類、品質および数量に関して、契約の内容に適合した目的物を引き渡す義務を負うことを前提として、買主は、引き渡された目的物が契約に適合しない場合には、債務不履行による損害賠償または契約の解除をすることができることとなりました（民法564条)。

　したがって、引渡し時に目的物がすでに壊れていた場合や、通常、すぐに壊れない物が引渡し後すぐに壊れた場合などは、契約の内容に適合した目的物でないとして買主は履行の追完を催告するなど所定の手続を経て契約の解除ができます。消費者契約法は、上記買主の契約解除権を放棄させ、または、当該事業者にその解除権の有無を決定する権限を付与する条項を無効とします（法8条の2)。

4　目的物の引渡しが遅れている場合

　目的物の引渡しが契約の履行期から遅れた場合、債務不履行となり、相手方は、催告をするなど所定の手続を経て契約の解除をすることができますが（民法541条)、この債務不履行に基づく消費者の契約解除権を放棄させ、または、当該事業者にその解除権の有無を決定する権限を付与する条項は無効となります（法8条の2)。

5　設問の場合

(1)　時計Aの売買契約の解除

　時計は、現在時刻を表示するものであり、簡単には故障しないことを前提として売買取引が行われます。特に、高級時計は、通常より故障が少ない品質であることが求められます。よって、設問の売買契約においても、時計Aが、引渡し時点で壊れておらず、引渡し後相当期間、故障しない品質であることが契約の内容となっていたといえます。

　ところが、時計Aの売買契約では、「いかなる理由があろうと契約後の解除は一切受け付けないものとします。ただし、当社が商品に瑕疵の存在を認めた場合に限り、例外的に契約の解除を受け付けるものとします」との条項があり、時計店が瑕疵の存在を認めた場合にのみ、契約を解除することができる条項となっています。したがって、相談者が契約を解除することができるかどうかは、時計店が瑕疵の存在を認めるかどうかに委ねられており、事業者に解除権を付与する条項となっており、この条項は法8条の2により無効です。そして、設問の場合、時計Aは購入後すぐに動かなくなっていますので、前記の品質に満たない（契約に適合しない）ものといえます。よって、相談者は、履行の追完を催告し、相当の期間内に追完がされなければ、民法上、債務不履行による契約の解除ができます。

(2)　時計Bの売買契約の解除

　売買契約において債務不履行があった場合、相手方は、相当の期間を定めてその履行の催告をし、その期間内に履行がないときは、契約の解除をすることができます（民法541条）。

　しかし、時計Bの売買契約には、「いかなる理由があろうと契約後の解除は一切受け付けないものとします」との条項があり、時計店に債務不履行があった場合にも契約を解除できないとされています。これは、事業者の債務不履行により生じた消費者の解除権を放棄させる条項であり法8条の2により無効です。

　したがって、民法上、債務不履行解除の要件に該当すれば、相談者は契約を解除できます。

　設問で、時計Bは1週間後に届くことになっていましたが、期限を過ぎても届いていません。よって、時計店は時計Bの売買契約の商品の引渡債務について不履行となっていますので、相談者が相当の期間を定めて催告をしてもなお履行がされない時は契約の解除ができます。

Q39　後見等が開始された場合に事業者が契約を解除することができる旨の契約条項は有効か

> アルツハイマー型認知症の父は、デイサービス等の福祉サービスを受けながら、賃貸マンションで一人暮らしをしています。このたび弁護士とも相談し、成年後見制度の利用を検討することになりました。ところが、父が住んでいる賃貸マンションの契約書には、賃借人について後見開始、保佐開始となった場合に、解除権を賃貸人に付与する規定があります。父は出て行かないといけないのでしょうか。

▶▶▶ Point

① 消費者契約法は、平成30年改正で、後見開始の審判等による解除権付与条項を不当条項の一類型として規定しました。

② 事業者に対し、消費者が後見開始の審判等を受けたことのみを理由とする解除権を付与する消費者契約の条項は、原則として、無効となります。

1 はじめに

　成年後見制度は、精神上の障がいにより判断能力が不十分であるため契約等の法律行為における意思決定が困難となった者について、成年後見人等の機関がその判断能力を補うことで、その者の生命、身体、自由、財産等の権利を擁護する制度です。成年後見制度は、不当な契約等から本人の権利を保護しつつ、本人が残存能力を活用して社会生活を送ることを可能にします。

　設問のような規定は、本人の権利を擁護するために成年後見制度を利用したことで、かえって本人が不利益を被ることとなるものであり、成年後見制度の趣旨に反すると考えられます。

2　平成30年法改正

　事業者に、消費者が後見開始、保佐開始または補助開始の審判（以下、「後見開始の審判等」といいます）を受けたことのみを理由とする解除権を付与する条項（以下、「後見開始の審判等による解除権付与条項」といいます）は、賃貸借契約やインターネット接続サービスの会員規約、宅配クリーニングの会員規約などさまざまな取引分野において使用されてきました。

　しかし、前述のとおり、後見開始の審判等による解除権付与条項は、成年後見制度の趣旨に反する面があり、類型的に不当性が高く、消費者の利益を一方的に害するものということができます。そして、大阪高裁平成25年10月17日判決・消費者法ニュース98号283頁が、建物賃貸借契約において使用された後見開始の審判等による解除権付与条項を無効とすると判断したことや、平成28年に成年後見利用促進法が制定されたことを踏まえ、平成30年の消費者契約法の改正により、後見開始の審判等を受けたことのみを理由とする解除権付与条項は、不当条項の一類型として規定されました。

3　法8条の3の意義・趣旨

(1)　後見開始の審判等を受けたことのみを理由とする解除権付与条項であること

　法8条の3は、後見開始の審判等による解除権付与条項は無効であるとしていますが、これは後見開始の審判等を受けたこと••だけを理由とする解除権付与条項が不当条項規制の対象であるということを明確にしたものです。

　したがって、後見開始の審判等を契機に、個別に消費者への適合性の有無の確認等を行い、その結果、客観的にみて合理的な理由がある場合には契約解除に至る旨を定めた規定まで一律に無効となることまで想定したものではありません。一方で、後見開始の審判等とは別の理由による解除権付与条項であると形式的にはみえる場合であっても、実質的にみると、後見開始の審

判等のみを理由としていると評価される場合は、法8条の3あるいは10条によって無効になると考えられます。

⑵　消費者が事業者に対し物品等消費者契約の目的となるものを提供することとされているものではないこと

法8条の3は、カッコ書で、「消費者が事業者に対し物品、権利、役務その他の消費者契約の目的となるものを提供することとされているものを除く」と規定し、同条の適用除外規定を設けています。これは、民法の準委任契約では受任者が後見開始の審判を受けたことを契約終了事由としていることから（民法656条・653条3号）、消費者が事業者に対し物品等を提供する消費者契約については、後見開始の審判等を受けたことを理由として解除権を付与したとしても、民法上の原則よりも消費者の権利を制限しまたは義務を加重するとまではいえないなどと考えられたためです（詳細はQ40参照）。

③　法8条の3の効果

後見開始の審判等による解除権付与条項は、原則として、無効となるので、事業者は、消費者が後見開始の審判等を受けたことのみを理由として消費者契約を解除することはできないことになります。

④　設問の場合

契約書に定められている条項は、「賃借人について……、後見開始、保佐開始となった場合に、解除権を賃貸人に付与する」というものです。これは、賃借人の個別の状況にかかわらず、賃借人が後見開始の審判等を受けた場合に、そのことだけを理由として、直ちに賃貸人に契約解除権を付与する規定であるということができます。したがって、当該条項は、法8条の3により、無効となります。

そのため、相談者の父が、後見開始または保佐開始の審判を受けたとしても、賃貸マンションから出ていく必要はありません。

Q40 後見が開始された場合に事業者がモニター契約を解除することができる旨の契約条項は有効か

　私の息子は知的障がい者ですが、日常会話程度であれば全く問題がありません。息子の財産管理に不安があり、また私もかなり高齢になったことから、このたび、弁護士とも相談し、成年後見制度の利用を検討することになりました。ところで、息子は、定期的に事業者が実施するアンケートに回答すると謝礼がもらえるモニター契約に登録しているのですが、モニターが後見開始の審判を受けた時には、モニター契約を解除するという条項があります。後見開始の審判を受けた場合、このモニター契約は解除されますか。

▶ ▶ ▶ Point

① 　法8条の3は、後見開始の審判等を受けたことのみを理由とする解除権付与条項は原則として無効であるとしています。

② 　法8条の3は、カッコ書で、例外的に後見開始の審判等による解除権付与条項が当然には無効とならない場合を定めています。

③ 　後見開始の審判等による解除権付与条項であっても、それが消費者が事業者に対し物品、権利、役務その他の消費者契約の目的となるものを提供することとされている契約である場合には、法8条の3によっては、当該条項は無効となりません。

1 法8条の3カッコ書の意義・趣旨

　法8条の3は、後見開始の審判等を受けたことのみを理由とする解除権付与条項が無効となることを定めています。このような条項は成年後見制度の

趣旨に反し、類型的に不当性が高く、消費者の利益を一方的に害するものであるといえるからです（詳細については Q39参照）。

　しかし同時に、法8条の3はカッコ書で「消費者が事業者に対し物品、権利、役務その他の消費者契約の目的となるものを提供することとされているものを除く」と定めています。

　民法上、準委任契約においては、受任者が後見開始の審判を受けたことが契約の終了事由とされています（民法656条・653条3号）ので、消費者契約が「消費者が事業者に対し物品、権利、役務その他の消費者契約の目的となるものを提供することとされている」契約（以下、「役務提供契約」といいます）である場合、消費者が後見開始の審判を受けたときには、当該消費者契約も当然に終了することになるのが通常です。そのため、消費者契約が役務提供契約である場合に限っては、後見開始の審判等による解除権付与条項は、民法の定める任意規定と比べて、消費者の権利を制限しまたは義務を加重するものではないと考えられます。

　また、前述の民法の規定からすると、民法は、後見開始の審判を受けていない受任者が事務を処理することを想定しているものと考えられます。そのため、消費者契約が役務提供契約である場合において、消費者に対して後見開始の審判等を受けていない状態で役務を提供するよう求めても、類型的に不当性が高いとまでは言い難い場合もあり得るものと考えられます。

　そこで、役務提供契約については、法8条の3により無効となる条項の範囲から除くこととされました。

　もっとも、法8条の3のカッコ書は、消費者が後見開始の審判等を受けたことのみを理由とする解除権付与条項が例外的に有効となる場合を定めたものですので、カッコ書の適用については限定的に解されるべきです。

② 法8条の3カッコ書の要件

　法8条の3カッコ書が適用されるためには、消費者が事業者に対し物品等

消費者契約の目的となるものを「提供」することとされていることが必要です。同条の「提供」といえるためには、消費者が、消費者契約の目的となるものを事業者が利用しうる状態に置くことが必要であると解されています。

③　法10条の適用

　消費者が後見開始の審判等を受けたことのみを理由とする解除権付与条項が、法8条の3カッコ書の適用によって無効とならない場合であっても、当該契約において事業者に解除権を付与する必要性が乏しいなどの個別の事情によっては、法10条によって無効となることはあります。

④　設問の場合

　設問のモニター契約は、モニターが事業としてまたは事業のために当該契約を締結するものではありませんから、モニターは「消費者」（法2条1項）にあたり、当該モニター契約は消費者契約に該当するものと考えられます。

　当該モニター契約における「モニターが後見開始の審判を受けた時には、モニター契約を解除する」旨の条項は、モニターが後見開始の審判を受けたことのみを理由とする解除権を事業者に対して付与する条項ですので、法8条の3の適用が問題となります。

　この点、当該モニター契約は、消費者であるモニターが、アンケートに回答し、同アンケートの内容を事業者が利用できるような状態に置くものということができますので、役務提供契約ということができます。したがって、法8条の3カッコ書の適用によって、当該条項は無効とならないとも考えられます。

　もっとも、この事業者は、元々知的障がい者であった相談者の息子とモニター契約を締結していますし、相談者の息子は、これまで問題なくアンケートに回答してきたと考えられます。そうすると、当該モニター契約は、モニターに後見開始の審判等を受けていない状態であることを求める必要がない

ものであるともいえます。したがって、当該条項が、法10条の規定により無効となるということはあり得ます。

　以上をまとめますと、当該条項は、法8条の3によって無効とはいえませんが、法10条によっては無効となる可能性がありますので、相談者の息子のモニター契約が直ちに解除されるものとはいえません。

Q41　後見開始の審判を受け、取引等の継続が困難と判断したときに解除できるとする契約条項は有効か

　証券取引の取引約款に、顧客が後見開始の審判を受け、事業者が取引およびサービスの提供を継続することが困難と判断したときには、解約することができる旨の条項が入っていました。この約款によれば、顧客が後見開始の審判を受けたときは、事業者は証券取引契約を解約することができるのでしょうか。

▶▶▶ Point

① 　法8条の3は、消費者が後見開始の審判等を受けたことのみを理由とする解除権を付与する条項を無効としています。

② 　当該条項が無効となった場合、事業者は、消費者が後見開始の審判を受けたことのみを理由として消費者契約を解除することはできません。

1　法8条の3の意義・趣旨

　消費者が後見開始の審判等を受けたことのみを理由として事業者に解除権を付与する条項は、成年後見制度の趣旨に反しており、類型的に不当性が高いといえます。他方で、消費者が後見開始の審判等を受けたことを契機として、当該消費者の個別事情を確認し、契約を継続すべきではない客観的な合理的理由がある場合に、事業者が消費者との契約を解除することができる旨の条項は、類型的に不当性が高いとまでいえない場合があると考えられます。

　そこで、法8条の3は、後者のような場合の条項を一律に無効とする趣旨ではないことを明確にするため、無効となる対象を消費者が後見開始の審判

等を「受けたことのみを理由とする解除権を付与する条項」と限定しています。

2　法8条の3の適用対象外となる場合

　たとえば、信用取引やFX取引のように、価格変動が大きくリスクの高い金融商品を取り扱う取引において、顧客が後見開始の審判等を受けたことを踏まえて、事業者が当該顧客の状況を確認し、取引の継続が困難であると判断することに合理的な理由がある場合に、事業者が契約を解除できる旨の条項が考えられます。このような場合には、当該条項は、法8条の3によっては、無効となりません。

　ただし、形式的には消費者が後見開始の審判等を受けたことのみを理由とする解除権付与条項を定めたものではなかったとしても、実質的には、消費者が後見開始の審判等を受けたことのみを理由とする解除権を事業者に付与する条項であると評価できる場合には、法8条の3あるいは法10条により無効となります。

3　設問の場合

　設問の取引約款に定められた事業者に解除権を付与する条項は、後見開始の審判を受けたことを解除権行使の一事由としていますが、顧客が後見開始の審判を受け、事業者が取引およびサービスの提供を継続することが困難と判断したときには、解除することができると規定していることから、後見開始の審判を受けたということのみを解除権の行使事由とするものではありません。当該条項は、後見開始の審判を受けたことを契機として、事業者が顧客の状況を確認し、個別具体的な事情から取引およびサービスの提供を継続することが困難であると判断した場合に、解除権を行使できるとする規定であると解されるため、法8条の3の規定によっては無効とならないものと思われます。したがって、事業者は、当該条項に基づき契約を解除することが

できます。

　ただし、実質的には、顧客が後見開始の審判を受けたことのみを理由とする解除権を事業者に付与した条項にあたると評価しうる場合や、取引およびサービスの提供を継続することが困難であるとの事業者の判断に合理性を欠く場合には、当該条項に基づく解除は効力を有しないものと思われます。

Q42　予備校の授業料を一切返金しない旨の契約条項は有効か

　大学受験予備校に、1年分の授業料を支払っています。入学して半年ほどですが、期待した授業ではないので辞めようと思います。未受講分の授業料は返してもらえますか。規約には、年度途中の退校について、授業料は返金しないと記載があります。

▶▶▶ Point

① 　消費者契約法は、高額な解約料を定めた条項を無効とする旨を定めています。

② 　年度途中に退校したにもかかわらず授業料を一切返金しない旨の条項は無効となり、消費者は、返金を受けられる可能性があります。

1 法9条1号の意義・趣旨

　消費者契約法は、消費者契約の解除に伴うキャンセル料等を定めた条項について、その定められた額が「平均的な損害の額」を超える場合、当該超える部分を無効とする旨を規定しています（法9条1号）。

　その趣旨は、消費者契約が解除される場合に、事業者が消費者に対して、実際に被った損害額を上回るような金員を請求できないようにすることで、消費者を保護するところにあります。

2 「平均的な損害の額」の意義、立証責任

(1) 「平均的損害の額」の意義

　法9条1号の「平均的な損害の額」とは、同一事業者が締結する多数の同

種契約事案について類型的に考察した場合に算定される金額をいい、個々の事案における具体的な損害額ではなく、解除の事由、時期等により同一の区分に分類される複数の同種の契約の解除に伴い、当該事業者に生じる損害の平均値を意味します。この点、パーティー予約のキャンセル料に係る裁判例（東京地裁平成14年3月25日判決・判タ1117号289頁）も、「当該消費者契約の当事者たる個々の事業者に生じる損害の額について、契約の類型ごとに合理的な算出根拠に基づき算定された平均値であり、解除の事由、時期の他、当該契約の特殊性、逸失利益・準備費用・利益率等損害の内容、契約の代替可能性・変更ないし転用可能性等の損害の生じる蓋然性等の事情に照らし、判断するのが相当である」と判示しています。

(2)　平均的な損害の額の立証責任

「平均的な損害の額」は、原則的に無効を主張する消費者の側が立証責任を負うと考えられています（最高裁平成18年11月27日判決・判時1958号12頁）。

もっとも、解除によって平均的に生じる損害の額は、事業者に固有の事情であり、その立証のための資料も事業者が主として保有しているはずのものですから、消費者がこれを立証するのは非常に困難です。また、消費者契約法では、事業者は消費者に対し必要な情報を提供するべき努力義務が課せられています（Q5参照）。これらのことから、平均的な損害の額が問題となった場合は、事業者の側でその算定根拠を示す必要があると考えられます。

③　不返還特約の有効性

予備校の受講契約のような継続的な契約では、途中で解除をしたとき、残りの役務の提供を受けないにもかかわらず、支払った授業料などを一切返金しないという契約条項（以下、「不返還特約」といいます）が存在する場合があります。

この不返還特約を考えるうえで参考になるのが、いわゆる学納金訴訟における最高裁平成18年11月27日判決・判時1958号12頁です。この判決では、授

業料不返還特約について、法9条1号に規定された「損害賠償の額を予定
し、又は違約金を定める条項」に該当するとして、同号の適用を肯定してい
ます。そのうえで、「当該大学が合格者を決定するに当たって織り込み済み
のものと解される在学契約の解除、すなわち、学生が当該大学に入学する
（学生として当該大学の教育を受ける）ことが客観的にも高い蓋然性をもって
予測される時点よりも前の時期における解除については、原則として、当該
大学に生ずべき平均的な損害は存在しない」として、原則として3月31日ま
でに入学辞退した学生について前納授業料等（前納学納金のうち入学金を除く
残額）の返還請求を肯定しています。

　また、大分地裁平成26年4月14日判決・判時2234号79頁は、大学受験予備
校の在学契約において定められた、一定期間経過後の在学契約解除の場合に
学納金を全額返還しないという条項を無効と判断しています。具体的には、
大学受験予備校の性質上、年度途中からの入学者が予定されていること、一
人の入学希望者との間で在学契約を締結したために別の一人の希望者との在
学契約締結の機会が失われたという関係に立たないこと等を理由として、解
除後の期間に対応する授業料相当額を返還しない旨を規定した部分は、大学
受験予備校に生ずる平均的な損害の額を超えるものといえるから、法9条1
号により無効であると判断しました。

4　設問の場合

　以上のことから、設問においても、いまだ受講していない授業料につい
て、これを返還しないことは、大学受験予備校に生ずべき平均的な損害の額
を超えており、その条項は法9条1号により無効となると考えられます。

5　特定継続的役務の中途解約の違約金規制との関係

　なお、設問のような予備校の場合、特定商取引法上の特定継続的役務提供
契約に該当する場合があります。詳細は特商法Q&Aに譲りますが、特定

継続的役務提供契約において、契約が解除された場合には、政令によって特定継続的役務ごとに解約料の上限が定められています（同法49条、特定商取引法施行令15条・16条。〔図表18〕参照）。

〔図表18〕中途解約時に事業者が消費者に対して請求しうる損害賠償などの上限額

特定継続的役務	役務提供開始前	役務提供開始後（下記の金額に、提供された役務の対価相当額を加えた額が上限）
エステティックサロン	2万円	2万円または契約残額の10％に相当する額のいずれか低いほう
美容医療	2万円	5万円または契約残額の20％に相当する額のいずれか低い額
語学教授（外国語会話教室等）	1万5000円	5万円または契約残額の20％に相当する額のいずれか低いほう
家庭教師等	2万円	5万円または1カ月分の役務の対価に相当する額のいずれか低いほう
学習塾	1万1000円	2万円または1カ月分の役務の対価に相当する額のいずれか低いほう
パソコン教室	1万5000円	5万円または契約残額の20％に相当する額のいずれか低いほう
結婚相手紹介サービス	3万円	2万円または契約残額の20％に相当する額のいずれか低いほう

特定継続的役務提供契約では、消費者が事前に提供を受ける役務の内容、性質や効果を正確に把握するのが難しいことから、一定の場合に消費者に中途解約権が認められています。そして、高額な中途解約料により実質的に消費者の中途解約権が制限されないように、解約料の上限を定めています。

消費者契約法では、消費者契約の条項の効力について他の法律に別段の定めがあるときは、その定めるところによるとされており（法11条2項）、問題となった消費者契約が、特定商取引法の特定継続的役務提供契約にあたる場合には、同法の規定が適用されます。

Q43 賃貸借終了後、明渡しを遅滞したときに、明渡しまで賃料の3倍を支払う旨の契約条項は有効か

私は、賃貸物件に居住中ですが、借金の返済で資金繰りがショートし、賃借物件の家賃を6カ月間滞納していました。すると家主から「賃料が払えないなら契約を解除したい」との通知が届きましたので、家主に来月中に出ていくと通知しました。しかし、引っ越しの費用もないことから、所定の期日に明渡しができませんでした。すると、家主から「契約書に明渡しを遅滞したときは、賃料の3倍の損害金を払うという条項があるので、明渡しまで賃料の3倍の損害金を支払うように」との通知が届きました。私は、賃料の3倍もの損害金を支払わないといけないのでしょうか。

▶ ▶ ▶ Point

①　消費者契約法は、高額な解約料を定めた条項を無効とする旨を定めています。

②　賃貸物件の明渡しを遅滞したときに賃料の数倍の損害金・違約金を支払う旨の条項は、場合によっては無効となり、消費者が返金を受けられる可能性があります。

1 法9条1号の意義・趣旨

消費者契約法は、消費者契約の解除に伴うキャンセル料等を定めた条項について、その定められた額が「平均的な損害の額」を超える場合、当該超える部分を無効とする旨を規定しています（法9条1号）。

その趣旨は、消費者契約が解除される場合に、事業者が消費者に対して、

実際に被った損害額を上回るような金員を請求できないようにすることで、消費者を保護するところにあります。

2 「平均的な損害の額」

法9条1号の「平均的な損害の額」とは、同一事業者が締結する多数の同種契約事案について類型的に考察した場合に算定される金額をいい、個々の事案における具体的な損害額ではなく、解除の事由、時期等により同一の区分に分類される複数の同種の契約の解除に伴い、当該事業者に生じる損害の平均値を意味します。この点、パーティー予約のキャンセル料に係る裁判例（東京地裁平成14年3月25日判決・判タ1117号289頁）も、「当該消費者契約の当事者たる個々の事業者に生じる損害の額について、契約の類型ごとに合理的な算出根拠に基づき算定された平均値であり、解除の事由、時期の他、当該契約の特殊性、逸失利益・準備費用・利益率等損害の内容、契約の代替可能性・変更ないし転用可能性等の損害の生じる蓋然性等の事情に照らし、判断するのが相当である」と判示しています（なお、「平均的な損害の額」の立証責任については、Q42、コラム⑦を参照してください）。

3 契約の解除に伴う要件との関係

アパートなどの賃貸借契約では、賃借人が物件の明渡しをしなかった場合に、賃料の〇倍の損害金を支払うものとするという契約条項（以下、「明渡遅延損害金条項」といいます）が存在する場合があります。

この明渡遅延損害金条項に関しては、明渡しの遅延による損害が実際に発生するのは賃貸借契約終了後であるため、そもそも「解除に伴い」事業者に生じた損害といえるか否かが問題となります。

この点、東京高裁平成25年3月28日判決・判タ1392号315頁は、賃料相当額の2倍の明渡遅延損害金を定めた条項について、「倍額賠償予定条項は、契約終了の原因がいかなるものであるかにかかわらず、契約が終了した後に

おいて、賃借人が明渡し義務を履行せずに使用を継続することによって初めて発生するものであって、契約の解除時においては、損害発生の有無自体が不明なものである」として、当該条項を法9条1号の損害賠償額等を予定する条項であると解することは相当でないとしています。

　しかし、法9条1号の適用範囲は、実質的な契約の終了に伴う損害賠償の予定・違約金条項をも含むと解すべきであり、実際にそのような考え方を前提として同号の適用を肯定した裁判例も存在します（賃料相当額1.5倍の明渡遅延損害金条項について、同号を適用し無効とした裁判例として、大阪地裁平成21年3月31日判決・消費者法ニュース85号173頁など）。

　したがって、法9条1号は明渡遅延損害金条項にも適用されうるものであり、その損害金額が高額にわたり、平均的な損害の額を超える場合には、当該条項は無効となるものと考えられます。

④　法10条との関係

　消費者契約法は、消費者の利益を一方的に害する条項について、無効となる旨を規定しています（法10条）。仮に、法9条1号により明渡遅延損害金条項が無効とされない場合であっても、法10条に照らして、消費者の利益を一方的に害するかどうかを別途検討する必要があります。

　明渡遅延損害金条項は、通常、賃貸人の損害補塡や明渡し義務の履行促進という目的で設けられますが、他方で、賃料相当額の数倍を支払わなければならないという不利益は賃借人にとって極めて大きいものです。また、このような条項が、賃借人が倍額相当額以下の損害しか発生していないことを立証しても免責されないことをも規定する趣旨であれば、賃借人に一方的な不利益を与えるものといえます。

　以上からすると、明渡遅延損害金条項の目的に照らしても損害金の額が過大であるなど、なお消費者の不利益が大きいといえる場合には、法10条により同条項が無効となる場合があります。

5 設問の場合

　設問のように、明渡しまで賃料の３倍の支払いを求めるような明渡遅延損害金条項は高額であり、消費者に一方的な不利益を与えるものですから、法９条１号または法10条により当該条項は無効になりうると考えます。

┌─ コラム⑦　遅延損害金に関する定めと法９条２号 ─

　決められた期日までに約定の金額を支払わなかった場合、「年○％の遅延損害金を支払う」という条項が定められていることがあります。これは、債務不履行に係る損害賠償額または違約金の額を予定したものですが（民法420条）、消費者契約の場合、事業者に実損害を超える不当な利得を得させないという法９条１号と同様の趣旨から、遅延損害金の率は年14.6％が上限と定められており、それを超える部分は無効となります（法９条２号・11条１項）。

　法９条２号の適用が問題となる事例として、①キセル乗車の割増運賃、②レンタル契約における延滞料、③残債務の支払いに関する貸金業者との和解契約における遅延損害金率などがあります。

　①については、金銭の支払遅延以外の事情、すなわち、キセル乗車という不正乗車を理由とするものですので、法９条２号は適用されません（ただし、法10条が適用される可能性はあります）。

　②については、所定の期間を超える期間における物品の賃借についての追加料金であって、金銭の支払遅延ではないとして、法９条２号は適用されないという見解もあります。しかし、延滞料は、金銭の支払遅延ではありませんが、その実質は目的物の返還義務の不履行による賃料相当損害金と考えられるので、法９条１号や２号と同様の問題が生じうることから、同条の類推適用、あるいは法10条での対応を検討すべきです。その場合、レンタル事業者に認められる金額は、当該商品を再調達するのに必要な購入価格が上限となると考えられます。

　③については、利息制限法４条１項との適用関係が問題となります（法11条２項）。この点については、利息制限法が適用されるとの見解もありますが（東京地裁平成17年３月15日判決・判時1913号91頁等）、和解契約と元の金銭消費貸借契約とは別個の契約といえますので、利息制限法ではなく、消費者契約法が適用されると考えられます（札幌簡裁平成13年11月29日判決・消費者法ニュース60号211頁等）。

Q44 結婚披露宴契約を申込みの当日に解除した場合でも申込金が返金されない旨の契約条項は有効か

> 　私は、結婚式場のブライダルフェアに参加したところ、担当スタッフから「今日、申し込んでもらえれば、ブライダルフェア割引で30万円分をプレゼントします。今日のみの特別プレゼントです。申込みをして権利を確保しましょう」と言われ、申込金10万円を支払い、1年後の結婚披露宴の契約を締結しました。家に帰ってからやはり申込みをキャンセルしたいと思い、予約契約の当日のうちに、式場に連絡したところ、「規約上、申込金はキャンセルの場合、返還できません」と言われ、返してもらえません。私は申込金を返してもらうことはできないのでしょうか。

▶▶▶ Point

① 　消費者契約法は、高額な解約料を定めた条項を無効とする旨を定めています。

② 　結婚披露宴の実施予定日から1年前の時点で解除した場合に、申込金全額を返還しない旨の条項は、無効となり、消費者が返金を受けられる可能性があります。

1 法9条1号の意義・趣旨

　消費者契約法は、消費者契約の解除に伴うキャンセル料等を定めた条項について、その定められた額が「平均的な損害の額」を超える場合、当該超える部分を無効とする旨を規定しています（法9条1号）。

　その趣旨は、消費者契約が解除される場合に、事業者が消費者に対して、

実際に被った損害額を上回るような金員を請求できないようにすることで、消費者を保護するところにあります。

２　「平均的な損害の額」

　法９条１号の「平均的な損害の額」とは、同一事業者が締結する多数の同種契約事案について類型的に考察した場合に算定される金額をいい、個々の事案における具体的な損害額ではなく、解除の事由、時期等により同一の区分に分類される複数の同種の契約の解除に伴い、当該事業者に生じる損害の平均値を意味します。この点、パーティー予約のキャンセル料に係る裁判例（東京地裁平成14年３月25日判決・判タ1117号289頁）も、「当該消費者契約の当事者たる個々の事業者に生じる損害の額について、契約の類型ごとに合理的な算出根拠に基づき算定された平均値であり、解除の事由、時期の他、当該契約の特殊性、逸失利益・準備費用・利益率等損害の内容、契約の代替可能性・変更ないし転用可能性等の損害の生じる蓋然性等の事情に照らし、判断するのが相当である」と判示しています（なお、「平均的な損害の額」の立証責任については、Q42、コラム⑦を参照してください）。

３　結婚披露宴契約における平均的な損害の額

(1)　設問への法９条１号の適用

　設問の場合、消費者が式場に解除の連絡をしたところ、「規約上、申込金はキャンセルの場合、返還できません」と言われています。これは、当該結婚披露宴契約において、この時点におけるキャンセルについて、申込金全額をキャンセル料として定める旨の契約条項が置かれているものと考えられます。

　このようなキャンセル料条項には上記の法９条１号の規定が適用されうることとなりますから、その有効性について、申込金全額というキャンセル料が、「平均的な損害の額」を超えるものであるか否かが問題となります。

　なお、キャンセル料としては明示されておらず、単に受領済みの申込金を返金しない旨が定められているということも考えられますが、そのような不返還特約についても、法9条1号に規定された「損害賠償の額を予定し、又は違約金を定める条項」に該当すると解されます（前掲最高裁平成18年11月27日判決参照）。

(2)　結婚披露宴契約における逸失利益

　結婚披露宴契約の解除時における「平均的な損害の額」を考えるにあたっては、「逸失利益」を含めるかが重要な問題となります。

　すなわち、実際に結婚披露宴が実施されていれば事業者が得られるはずであった利益を、解除によって得られなくなった損害にあたるものとして、「平均的な損害の額」に含めて算定してよいのかということです。

　もし、「逸失利益」が無条件に含まれるとすれば、結婚披露宴契約においてキャンセル料として定めることが可能となる「平均的な損害の額」も高額なものとなってしまいます。

(3)　裁判例

　この点について、裁判例では、「逸失利益」も「平均的な損害の額」に含まれるとしたうえで、「解除時見積額の平均×粗利率×非再販率」という算定式により、その額を算定したものがあります（京都地裁平成26年8月7日判決・判時2242号107頁）。これは、「逸失利益」から、解除によって支出を免れることとなった原価を差し引き、また、さらに解除後に別の消費者へ再販売があったものについても損益相殺があったものとして控除するという考え方をとったものです。

　もっとも、新古車の売買契約の事案についてのものですが、契約締結後わずか2日で解除した場合に、「その販売によって得られたであろう粗利益（得べかりし利益）が消費者契約法9条の予定する事業者に生ずべき平均的な損害に当たるとはいえない」とした裁判例もあります（大阪地裁平成14年7月19日判決・金融・商事判例1162号32頁）。

4　設問の場合

　設問の場合には、予約契約を締結した当日のうちに解除の連絡をしていますから、このような場合には前掲の大阪地裁平成14年7月19日判決のように、そもそも逸失利益は損害とならないと考えるべきでしょう。また、もし仮に、逸失利益が損害になるとしても、設問のように披露宴実施予定日の1年前という時点の解除であれば容易に再販売が可能と考えられますから、申込金10万円に相当するような損害は発生しないといえます。このように、結婚披露宴の実施予定日から1年前の時点で解除した場合に、申込金全額を返還しない旨の条項は、法9条1号の適用により無効となる可能性が高いと考えられます。

Q45 ウェディングドレスのレンタルを式の半年前に解除しても代金全額を支払わせる契約条項は有効か

　私は、結婚式を予定しているのですが、ドレスショップと50万円の
ウェディングドレスのレンタル契約を締結しました。しかし、式の半
年前になり、別の会社のウェディングドレスに変更したいと思い、ド
レスショップに連絡したところ、「規約上、事前キャンセルの場合で
も、50万円全額を支払ってもらうことになる」と言われました。私は
50万円を支払わないといけないのでしょうか。

▶▶▶ Point

① 消費者契約法は、高額な解約料を定めた条項を無効とする旨を定めてい
　ます。

② 結婚式の実施予定日から半年前の時点でウェディングドレスのレンタル
　契約を解除した場合に、レンタル料の全額を支払わなければならない旨の
　条項は、無効となる可能性があります。

1　法9条1号の意義・趣旨

　消費者契約法は、消費者契約の解除に伴うキャンセル料等を定めた条項に
ついて、その定められた額が「平均的な損害の額」を超える場合、当該超え
る部分を無効とする旨を規定しています（法9条1号）。

　その趣旨は、消費者契約が解除される場合に、事業者が消費者に対して、
実際に被った損害額を上回るような金員を請求できないようにすることで、
消費者を保護するところにあります。

2 「平均的な損害の額」

法9条1号の「平均的な損害の額」とは、同一事業者が締結する多数の同種契約事案について類型的に考察した場合に算定される金額をいい、個々の事案における具体的な損害額ではなく、解除の事由、時期等により同一の区分に分類される複数の同種の契約の解除に伴い、当該事業者に生じる損害の平均値を意味します。この点、パーティー予約のキャンセル料に係る裁判例（東京地裁平成14年3月25日判決・判タ1117号289頁）も、「当該消費者契約の当事者たる個々の事業者に生じる損害の額について、契約の類型ごとに合理的な算出根拠に基づき算定された平均値であり、解除の事由、時期の他、当該契約の特殊性、逸失利益・準備費用・利益率等損害の内容、契約の代替可能性・変更ないし転用可能性等の損害の生じる蓋然性等の事情に照らし、判断するのが相当である」と判示しています（なお、「平均的な損害の額」の立証責任については、Q42、コラム⑦を参照してください）。

3 ウェディングドレスレンタル契約における平均的な損害の額

(1) 設問への法9条1号の適用

設問の場合、相談者がドレスショップに解除の連絡をしたところ、「規約上、事前キャンセルの場合でも、50万円全額を支払ってもらうことになる」と言われています。これは、当該ウェディングドレスレンタル契約において、この時点におけるキャンセルについて、レンタル料50万円全額をキャンセル料として定める旨の契約条項が置かれているものと考えられます。

このようなキャンセル料条項には上記の法9条1号の規定が適用されることとなりますから、その有効性について、申込金全額というキャンセル料が、「平均的な損害の額」を超えるものであるか否かが問題となります。

(2) ウェディングドレスレンタル契約における逸失利益

ウェディングドレスレンタル契約の解除時における「平均的な損害の額」

を考えるにあたっては、「逸失利益」を含めるかが重要な問題となります。

すなわち、実際にウェディングドレスがレンタルされていれば事業者が得られるはずであった利益を、解除によって得られなくなった損害にあたるものとして、「平均的な損害の額」に含めて算定してよいのかということです。

もし、「逸失利益」が無条件に損害に含まれるとすれば、ウェディングドレスレンタル契約においてキャンセル料として定めることが可能となる「平均的な損害の額」も高額なものとなってしまいます。

(3)　裁判例

この点について、挙式予定日より4カ月弱前の時点でレンタル契約を成立させ、その翌日にはこれを解除したという事案において、この期間中に他の顧客を募集できなかったという事情もなく、また、解除の時期が遅いために新たな申込みを受け付けることが困難であったといった事情もないとして、解除により被控訴人に生ずる平均的な損害はないと判示した裁判例があります（東京地裁平成24年4月23日判決・ウエストロー・ジャパン）。

4　設問の場合

設問の場合には、予約日から解除日までの期間は明らかではありませんが、式の半年前の時点で解除の連絡をしていますから、新たな申込みを受け付けることも容易であると考えられ、解除により逸失利益が生じるものとは考えられません。

したがって、設問のように、結婚式の実施予定日から半年前の時点でウェディングドレスのレンタル契約を解除した場合であるにもかかわらず、レンタル料の全額を支払わなければならない旨の条項は、法9条1項に基づいて無効となる可能性があります。

5　ドレスがセミオーダーであった場合

設問の場合と異なり、ドレスがレンタルではなく、セミオーダーであった

場合にはどうなるでしょうか。

　この場合には、レンタル契約ではなく、セミオーダードレスの売買契約になると考えられます。しかし、ウェディングドレスの場合には、結婚式等で使用する予定であることを前提として、結婚式および結婚披露宴を開催する契約とあわせて締結されることも多く、また、予約から実際にドレスを使用する結婚式当日までの間に相当に長期の期間がある点ではレンタル契約と同様となります。セミオーダードレスの売買契約を締結したとしても、解除を申し込んだ時点ではセミオーダードレスの制作にまだ着手していないことも十分に想定されます。

　このような結婚式および結婚披露宴に使用するドレスを制作するという契約の特性から考えた場合には、契約を解除した場合に当然に代金全額が損害になるとは考えられません。

　また、ドレスの制作に着手していたとしても、実際には、レンタル契約の場合と同様に、当該ドレスを他の顧客に転用することが難しいわけではないと考えられますから、やはり原則として逸失利益は損害とならないと考えるべきでしょう。

Q46　互助会契約において、解除時に一定の手数料を差し引く旨の契約条項は有効か

> 私は、将来の冠婚葬祭の費用にあてる目的で、月額2000円の掛金を積み立てる互助会契約を A 社と締結しています。しかし、このたび、その契約を解除しようと思っているのですが、互助会契約書には、「解約する場合、掛金の合計額から一定の手数料を差し引いたうえで返金する」との条項が入っています。私は全額の返金を受けられないのでしょうか。

▶ ▶ ▶ Point

① 消費者契約法は、高額な解約料を定めた条項を無効とする旨を定めています。

② 冠婚葬祭互助会契約を解除した際に、高額な手数料を差し引く旨の条項は、場合によっては無効となり、消費者が返金を受けられる可能性があります。

1　法9条1号の意義・趣旨

　消費者契約法は、消費者契約の解除に伴うキャンセル料等を定めた条項について、その定められた額が「平均的な損害の額」を超える場合、当該超える部分を無効とする旨を規定しています（法9条1号）。

　その趣旨は、消費者契約が解除される場合に、事業者が消費者に対して、実際に被った損害額を上回るような金員を請求できないようにすることで、消費者を保護するところにあります。

②　「平均的な損害の額」

　法９条１号の「平均的な損害の額」とは、同一事業者が締結する多数の同種契約事案について類型的に考察した場合に算定される金額をいい、個々の事案における具体的な損害額ではなく、解除の事由、時期等により同一の区分に分類される複数の同種の契約の解除に伴い、当該事業者に生じる損害の平均値を意味します。この点、パーティー予約のキャンセル料に係る裁判例（東京地裁平成14年３月25日判決・判タ1117号289頁）も、「当該消費者契約の当事者たる個々の事業者に生じる損害の額について、契約の類型ごとに合理的な算出根拠に基づき算定された平均値であり、解除の事由、時期の他、当該契約の特殊性、逸失利益・準備費用・利益率等損害の内容、契約の代替可能性・変更ないし転用可能性等の損害の生じる蓋然性等の事情に照らし、判断するのが相当である」と判示しています（なお、「平均的な損害の額」の立証責任については、Q42、コラム⑦を参照してください）。

③　冠婚葬祭互助会契約の意義と「平均的な損害」に関する裁判例

　冠婚葬祭互助会契約とは、消費者が将来行う冠婚葬祭に備え、所定の月掛金を前払いで積み立てることにより、消費者が事業者に対し、冠婚葬祭に係る役務サービス等の提供を受ける権利を取得するという契約を指します。こうした冠婚葬祭互助会契約では、積立て中または満期後に契約の解除をした場合に、所定の手数料を差し引いて返金される旨の条項（以下、「解約料条項」といいます）が存在する場合があります。

　冠婚葬祭互助会契約の解約料条項については、契約のための人件費や設備費用が「平均的な損害」に含まれるか否かが問題となります。この点について、適格消費者団体が、解約料条項の有効性（「平均的な損害」の額を超え、法９条１号により無効となるか）を争い当該条項の差止めを求めた事例とし

て、次のものがあります。

大阪高裁平成25年1月25日判決・判時2187号30頁は、「具体的な冠婚葬祭の施行の請求がされる前に……各互助契約が解約された本件においては、損害賠償の範囲は原状回復を内容とするものに限定されるべきであり、具体的には契約の締結及び履行のために通常要する費用の額が、『平均的な損害』となるものと解される。そして、上記の平均的な費用（経費）の額というのは、……契約の相手方である消費者に負担されることが正当化されるもの、言い換えれば、性質上個々の契約（消費者契約）との間において関連性が認められるものを意味する」としたうえで、会員の募集・管理に要する人件費は、解除した消費者のみならずその他の会員やそれ以外の顧客との関係でも生ずる一般的な費用であるとして、「平均的な損害」に含まれないと判断しました。結論として、月掛金振替費用（60円）、会員向け雑誌の作成費用、および入金状況通知の作成・送付費用（14.27円）が「平均的な損害」に含まれるとしました。

他方で、福岡高裁平成27年11月5日判決・判時2299号106頁は、会員募集に要する人件費、営業用建物の使用に要する費用のうち会員募集および役務履行のための準備費用、会員管理に要する人件費は「平均的な損害」に含まれるとしました。結論として、3万4712円に会員の入会期間1カ月につき195円を加えた額が「平均的な損害」に含まれるとしました。

二つの裁判例の考え方が分かれた理由は、会員募集に要する人件費や営業用建物の使用に要する費用等を、個々の契約との間において関連性が認められるものとして契約を解除する個々の消費者に負担させることが正当かどうかについての考え方が異なる点にあります（〔図表19〕参照）。

この点、多数の一般消費者に対し勧誘を行う事業者においては、顧客の中途解約の有無にかかわらず勧誘に要する営業コストは生じるものです。これらは、全体の営業コストとして考慮されるべきもので、解除された個々の消費者契約についての固有の損害と考えるべきではありません。したがって、

〔図表19〕それぞれの裁判例の「平均的な損害」についての考え方

	大阪高裁	福岡高裁
平均的な損害に含まれるもの	・会報誌の作成・送付費用 ・月掛金の振替費用	・会報誌の作成・送付費用 ・会員の募集、管理に要する人件費 ・営業用建物の使用に要する費用のうち会員募集および役務履行のための準備費用
平均的な損害に含まれないもの	・会員の募集、管理に要する人件費 ・会員管理費用 ・親睦会費等	・具体的な冠婚葬祭等の役務の提供のための人的物的設備に要する費用等

人件費や営業用建物の使用費等については、当該消費者契約の中途解約により生じた損害と評価することはできないというべきです。

4　設問の場合

　設問の場合においては、大阪高裁判決を参考として、冠婚葬祭互助会契約において高額な手数料を差し引く解約料条項は、無効となる場合があるものと考えられます。

┌─ コラム⑧　新型コロナウイルスと消費者問題 ─────────

　新型コロナウイルス感染症（COVID-19）の感染拡大により、我々の生活にはさまざまな重大な影響が出ました。消費者問題に関しても同様です。

　たとえば、結婚披露宴のキャンセルの問題があります。キャンセル時に高額なキャンセル料を徴収されるという問題（法9条1号に関する問題）は以前からありましたが、新型コロナウイルス感染症の感染拡大の状況下では、密閉された空間における会食や、都道府県をまたぐ移動を伴う結婚披露宴は、消費者・事業者双方に帰責性なく、実施が不可能な状態となってしまうという特色があります。

　このような場合でも、事業者の側は少しでも損失を抑えるために、契約に定められたキャンセル料条項に従ってキャンセル料を徴収したいというニーズがありますが、消費者の自己都合によるキャンセルとは根本的に状況が異なっており、当然にそのようなキャンセル料の徴収が許されることにはなりません。緊急事態宣言下などでは、社会通念上、結婚披露宴の実施は履行不可能な状態にあり、このような場合には、民法（536条1項）に基づく処理により、事業者は消費者から対価の徴収をすることはできなくなると考えられます。

　また、各種のイベントについても同様の問題が生じました。すなわち、新型コロナウイルスの影響によってイベントを中止せざるを得ない状況となった中で、支払い済みのチケット代金が返金されるか否かという問題です。この場合も原則的には、双方の帰責性なく履行不能となった以上、事業者はチケット代金を返金しなければならないこととなります。これに対し、イベントの中止時には一切返金しないとするような規約が定められている場合がありますが、そのような定めは法10条により不当条項として無効とされる可能性が高いといえるでしょう。

　このように予期せぬ災害等により生じた「損失」をどのように処理するのかという課題が、新型コロナウイルスにより浮き彫りにされることとなりました。消費者にその「損失」のすべてを負わせるような契約の定めは、消費者契約法に反する不当な条項となるということが留意される必要があります。

└──────────────────────────────────

Q47 解除する旨の通知がないと有料契約に自動的に切り替わる旨の契約条項は有効か

家庭用ウォーターサーバーのお試し契約を締結しました。本契約では、規約上、1カ月経過時点で契約解除の通知がないと有料契約に自動的に切り替わるとされていました。その後、契約を解除するのを忘れたため、有料契約に切り替わってしまいました。このような契約条項に問題はないのですか。

▶ ▶ ▶ Point
① 消費者契約法は、消費者の利益を一方的に害する不当条項を無効とする包括的なルールを定めています。
② 消費者から解除の通知がない場合に、お試し契約が有料契約に自動的に切り替わる旨の条項は、無効となる可能性があります。

1 消費者の利益を一方的に害する条項の意義・趣旨

　消費者契約法は、消費者契約の条項が無効となる場合についての包括的なルールを定めています。すなわち、法10条では、「法令中の公の秩序に関しない規定の適用による場合に比して消費者の権利を制限し又は消費者の義務を加重する消費者契約の条項」（第1要件）で、「民法第1条第2項に規定する基本原則に反して消費者の利益を一方的に害するもの」（第2要件）についてその効力を否定することとしています。

　この趣旨は、消費者契約における契約条項を適正なものとするためには、無効とされるべき不当条項をリストとして列挙することが有用であるものの、不当条項を網羅することは立法技術上困難であること、また時代の変化

に伴って生じる不当条項に対応していく必要性があることから、このような包括的なルールを定めたことにあります。

第1要件の「法令中の公の秩序に関しない規定」とは、いわゆる任意規定（当事者が契約によってその規定と違った合意をしなければ適用される規定）のことを指します。この中には民法等に定められた明文の規定のほかに一般的な法理も含まれます（最高裁平成23年7月15日判決・判タ1361号89頁）。

第1要件に該当するか否かは、端的にいえば、当該条項がない場合と比較して、消費者の権利が制限されていないか、あるいは消費者の義務が加重されていないかということにより判断されることとなります。

もっとも、当該契約条項が無効とされるには第2要件もあわせて満たす必要があります。すなわち、当該契約条項によって消費者の権利が制限され、または義務が加重されることにより、信義則に反する程度に消費者の利益が一方的に害されるものである場合に無効となるのです。

この第2要件の判断基準について、最高裁判所は「当該条項が信義則に反して消費者の利益を一方的に害するものであるか否かは、消費者契約法の趣旨、目的（同法1条参照）に照らし、当該条項の性質、契約が成立するに至った経緯、消費者と事業者との間に存する情報の質及び量並びに交渉力の格差その他諸般の事情を総合考量して判断されるべきである」とし、消費者契約法の趣旨および目的に照らして判断すべきことを明らかにしています（前掲最高裁平成23年7月15日判決）。

2 設問への法10条の適用

(1) 設問の条項

設問で問題とされているのは、家庭用ウォーターサーバーのお試し契約を締結していた相談者が、あらためて有料契約についての申込みの意思表示を行っていないにもかかわらず、契約解除の通知を行わないという不作為によって、自動的に有料契約へ切り替わるという旨を定めた条項です（以下、

「本件条項」といいます）。このような自動切替えを定める条項については、法8条や9条のように具体的な不当条項として定めた規定はありませんので、不当条項についての包括的なルールである法10条の適用を考えることとなります。

(2)　第1要件の該当性

本件条項は、消費者の不作為をもって新たな消費者契約の申込みをしたものとみなす条項となっています。

このような契約条項については、平成28年の法改正によって、法10条の第1要件に該当するものとして明文で例示されることとなりました。すなわち、同条は、第1要件に該当する条項の例として、「消費者の不作為をもって当該消費者が新たな消費者契約の申込み又はその承諾の意思表示をしたものとみなす条項」をあげています。

これは、このような条項が、当事者の意思表示がなければ契約は成立しないという一般法理と比較して、消費者の権利を制限し、義務を加重する条項であることが前提とされたものです。法文上に例示することで、法10条の第1要件における任意規定には、明文の規定だけではなく一般的な法理等も含まれることが明確化されたのです。

(3)　第2要件の該当性

もっとも、消費者の不作為をもって新たな消費者契約の申込みをしたものとみなす条項がすべて無効とされるものではなく、第2要件にも該当した場合にのみ無効となります。

第2要件の該当性は上記のとおり諸般の事情を総合考量したうえでの判断となるため一概にはいえませんが、消費者の不作為をもって消費者が望まない契約を締結させられる結果となることは可能な限り避けられるべきです。消費者契約法の趣旨および目的に照らして考えれば、消費者の不作為をもって新たな消費者契約の申込みをしたものとみなす条項が有効とされる場面は限定的に考えるべきこととなります。

　同一内容・同一条件を自動更新とする場合であれば有効となる場面もあると考えられますが、設問のようにお試し（無料）の契約が有料契約に切り替わるような場合には、原則として消費者の意思確認をあらためて行うべきであり、そのような確認がないまま、消費者からの連絡がないこともって自動切替えとする条項については、消費者の受ける不利益の程度も大きく、第2要件に該当する場合が多いと考えられます。

(4) 結　論

　以上から、1カ月経過時点で消費者から契約解除の通知がないと有料契約に自動切替えになる本件条項は法10条の第1要件に該当し、かつ、消費者の意思確認を行うことなく消費者からの連絡がないことをもって自動切替えとすることは消費者の受ける不利益の程度も大きいことから、法10条の第2要件にも該当することが多いと考えられるので、法10条により無効となると考えられます。

Q48 賃貸借契約における敷引特約は有効か

私は、賃料月額8万円でアパートを借りていました。その賃貸借契約書には、退去時に敷金40万円から32万円控除して返還するとの特約が設けられていました。修繕の必要性の有無等にかかわらず一定額を敷金から控除するというこのような契約は有効なのでしょうか。

▶ ▶ ▶ Point

① 消費者契約法は、消費者の利益を一方的に害する条項を無効としています。

② 敷引特約は消費者契約法により無効になる場合があります。

1 はじめに

(1) 敷 金

敷金とは、家賃の滞納等に備えて、賃借人が将来負担するかもしれない賃貸借契約上の賃借人の債務を担保する目的で、賃借人から賃貸人に交付される金銭のことをいいます。そして、賃貸借契約終了の際に、家賃の滞納など賃借人の賃貸人に対する金銭債務が生じていればそれに敷金を充当し、充当後残額があるまたは金銭債務が生じなかったときは、敷金は賃借人に返金されます（民法622条の2参照）。

(2) 敷引特約

賃貸借契約終了後の原状回復費用にあてるなどの目的で、敷金について、契約終了後の退去時に一定割合を差し引いて残りを返還するという合意がされることがあり、これを敷引特約といいます（家賃の滞納などがあれば敷金からさらに差し引かれます）。敷金から必ず一定の割合が差し引かれるという点

197

で、敷金（の一部）を返さない特約に似ているといえます。

　賃貸借契約においては、通常使用による目的物の損耗や経年劣化による損耗は賃料に含まれていると考えます。そうすると、設問のような敷引特約や敷金不返還特約は、民法の基本的な考え方に反して消費者の義務を加重するものではないのか、という問題意識が出てきます。そして、この問題を検討するにあたっては法10条が問題となります。

２　法10条の要件

　法10条の要件は次のとおりで、第１要件および第２要件を満たす条項が無効となります（Q47参照）。

⑴　第１要件──「消費者の不作為をもって当該消費者が新たな消費者契約の申込み又はその承諾の意思表示をしたものとみなす条項その他法令中の公の秩序に関しない規定の適用による場合に比して消費者の権利を制限し又は消費者の義務を加重する消費者契約の条項」

　「法令中の公の秩序に関しない規定」とは、任意規定のことを指しますが、明文の規定だけでなく一般的な法理等も含まれます。

　「消費者の不作為をもって当該消費者が新たな消費者契約の申込み又はその承諾の意思表示をしたものとみなす条項」は、平成28年法改正により第１要件に該当する条項の例示として付加されたもので、無料期間終了後の有料契約への自動切替えなどがこの典型例です（Q47参照）。

　「適用による場合に比して消費者の権利を制限し又は消費者の義務を加重する消費者契約の条項」とは、当該条項が存在しなければ消費者に認められていたであろう権利義務関係と、当該条項が規定する権利義務関係を比較した結果、後者が消費者の利益を制限し、または消費者の義務を加重するといえない場合には法10条は適用されないという当然のことを規定したものです。

(2)　第2要件──「民法第1条第2項に規定する基本原則に反して消費者
　　の利益を一方的に害するもの」

　「民法第1条第2項に規定する基本原則」とは、信義誠実の原則のこと
で、社会共同生活の一員として、互いに相手方の信頼を裏切らないように、
誠意をもって行動することをいいます。民法1条2項の効果として裁判実務
で定着しているのは、個別の条項に基づく権利主張を制限しうることです
が、消費者契約法ではそれにとどまらず、当該条項を無効にして、法的効果
を初めからなかったことにしようとする点に特徴があります。

　「消費者の利益を一方的に害するもの」とは、当該条項によって消費者の
利益が事業者に不当に侵害されていると認められることをいいます。当該条
項により消費者が受ける不利益と当該条項を無効とすることで事業者が受け
る不利益とを比較衡量し、両者が均衡を失していると認められるか否かによ
り判断されることになります。

③　敷引特約に関する最高裁判決

　敷引特約については二つの最高裁判決があります（最高裁平成23年3月24
日判決・民集65巻2号903頁、最高裁平成23年7月12日判決・集民237号215頁）。

　最高裁判所は、第1要件については、敷引特約は、賃借人に通常損耗等の
補修と費用を負担させる趣旨を含むとして、任意規定の適用による場合に比
し、消費者である賃借人の義務を加重するものというべきであると判断し、
第1要件に該当することを示しました。

　次に第2要件については、賃貸借契約に敷引特約が付され、敷引金の額に
ついて契約書に明示されている場合は、敷引特約が信義則に反して賃借人の
利益を一方的に害するものであるとは直ちにいうことはできないとしまし
た。そのうえで、結論としては、消費者契約である居住用建物の賃貸借契約
に付された敷引特約は、当該建物に生ずる通常損耗等の補修費用として通常
想定される額、賃料の額、礼金等他の一時金の授受の有無およびその額等に

照らし、敷引金の額が高額にすぎると評価すべきものである場合には、当該賃料が近傍同種の建物の賃料相場に比して大幅に低廉であるなど特段の事情のない限り、信義則に反して消費者である賃借人の利益を一方的に害するものであって、法10条により無効となると解するのが相当であるとしました。

　最高裁判所の考え方を要約すると、契約書に敷引のことを明記していれば消費者は敷引を認識したうえで契約を結んでいるのだから、消費者は納得しているはずであって敷引特約は基本的には不合理とはいえないということになります。しかし、そもそも消費者契約法で不当条項を無効にした趣旨は、消費者契約では、情報格差・交渉力の格差があるために不当な条項を押し付けられる消費者を守るという点にあります。そうすると、上記の最高裁判所の論理は、それが不当な条項であっても契約書に明記している以上、消費者は納得しているという論理につながり、消費者契約法において不当条項規制を設けた趣旨・目的に合致しないという強い批判が向けられています。

4　設問の場合

　敷引特約については、第1要件に該当することを前提に、第2要件に該当するかどうかを検討することになります。

　設問の場合、月額8万円の賃料に対し敷引金額はその4倍であり極めて高額です。また、礼金等の一時金の支払いはありませんが、敷引金額は通常損耗等の補修費用として通常想定される額をはるかに超えるものと考えられます。また、設問の賃料が、近傍同種の建物賃料相場に比較して大幅に低額であるとの特段の事情も見当たらない場合には、設問の敷引特約は、法10条の第2要件も満たすことから、当該条項は無効となりますので、相談者は、敷金全額の返還を求めることが可能と思われます。

Q49　音楽教室の受講契約において、一定期間退会できない旨の契約条項は有効か

先日、楽器を習うために音楽教室の利用を始めましたが、思ったほど利用しないので解除したいと思っています。しかし、音楽教室の受講契約書に「最初の４カ月間は、休会・退会は一切できません」という条項があります。４カ月間は退会できないのでしょうか。

▶ ▶ ▶ Point

① 消費者契約法は消費者の利益を一方的に害する条項を無効としています。

② 音楽教室の受講契約の法的性質は、準委任契約または継続的な有償双務契約としての性質を有する私法上の無名契約であると解され、当事者には自由な解除権が認められています。

③ 当事者の自由な解除権を制限する条項は消費者契約法により効力を否定される場合があります。

1　はじめに

設問の条項は、受講契約について、最初の４カ月間は、音楽教室の休会、退会を一切認めないとするものです。そこで、このような生徒による受講契約の中途解約等を制限する条項が、法10条により無効とされるかが問題となります。

2　消費者の利益を一方的に害する条項の意義・趣旨

消費者契約法は、消費者契約の条項が無効となる場合についての包括的な

ルールを定めています。すなわち、法10条では、「法令中の公の秩序に関しない規定の適用による場合に比して消費者の権利を制限し又は消費者の義務を加重する消費者契約の条項」（第1要件）で、「民法第1条第2項に規定する基本原則に反して消費者の利益を一方的に害するもの」（第2要件）についてその効力を否定することとしています。

　この趣旨は、消費者契約における契約条項を適正なものとするためには、無効とされるべき不当条項をリストとして列挙することが有用であるものの、不当条項を網羅することは立法技術上困難であること、また時代の変化に伴って生じる不当条項に対応していく必要性があることから、このような包括的なルールを定めたことにあります。

　第1要件の「法令中の公の秩序に関しない規定」とは、いわゆる任意規定（当事者が契約によってその規定と違った合意をしなければ適用される規定）を指します。この中には民法等に定められた明文の規定のほかに一般的な法理も含まれます（最高裁平成23年7月15日判決・判タ1361号89頁）。

　第1要件に該当するか否かは、端的にいえば、当該条項がない場合と比較して、消費者の権利が制限されていないか、あるいは消費者の義務が加重されていないかということにより判断されることとなります。

　もっとも、当該契約条項が無効とされるには第2要件もあわせて満たす必要があります。すなわち、当該契約条項によって消費者の権利が制限され、または義務が加重されることにより、信義則に反する程度に消費者の利益が一方的に害されるものである場合に無効となるのです。

　この第2要件の判断基準について、最高裁判所は「当該条項が信義則に反して消費者の利益を一方的に害するものであるか否かは、消費者契約法の趣旨、目的（同法1条参照）に照らし、当該条項の性質、契約が成立するに至った経緯、消費者と事業者との間に存する情報の質及び量並びに交渉力の格差その他諸般の事情を総合考量して判断されるべきである」とし、消費者契約法の趣旨および目的に照らして判断すべきことを明らかにしています

（前掲最高裁平成23年7月15日判決）。

③　音楽教室の受講契約の法的性質

　音楽教室と受講生との間の受講契約の法的性質は、準委任契約（民法656条）または継続的な有償双務契約としての性質を有する私法上の無名契約と解されます（最高裁平成18年11月27日判決・判タ1232号89頁は、大学の在学契約について、有償双務契約としての性質を有する私法上の無名契約であるとしています）。

　この点、準委任契約とは、法律行為以外の事務を委託する契約をいい（なお、委任契約は法律行為を委託する契約です）、準委任には委任に関する規定が準用されます（民法656条）。委任契約や準委任契約の特徴として、受任者に大きな裁量が認められていることがあげられます。このように受任者に大きな裁量が認められるためには、契約当事者間には強い信頼関係があることが前提となります。そこで、その信頼関係が揺らぐような場合には契約を維持することがかえって不適当になるため、契約当事者はいつでも契約を解除することができるとされています（民法656条・651条1項）。

　音楽教室の受講契約は、楽器の演奏等についての授業（法律行為以外の事務といえます）を委託するものと考えられ、かつ、通常、講師には大きな裁量が認められているのが通常であると考えられますので、準委任契約と解することができます。そのため、受講生はいつでも受講契約を解除することができます。

　仮に、受講契約が準委任契約ではなく、継続的な有償双務契約としての性質を有する私法上の無名契約とされた場合でも、音楽教室の講師には大きな裁量が認められていることに変わりはなく、当事者間に信頼関係があることが前提とされ、その限りでは準委任の規定が類推適用されることになります。したがって、受講生はいつでも受講契約を解除することができると解されます。

4　設問の場合

　設問の「休会・退会は一切できません」という条項は、音楽教室の受講生による受講契約の解除を制限するものです（なお、この場合の受講料の支払いおよび返金については法9条1号も問題になります）。上記のとおり、音楽教室の受講契約の法的性質は、準委任契約または継続的な有償双務契約としての性質を有する私法上の無名契約と解されますが、いずれにせよ受講生はいつでも契約を解除することができます（民法656条・651条1項）。したがって、受講生の解除権を制限する設問の条項は、任意規定である民法651条1項の「適用による場合に比して消費者の権利を制限」する消費者契約の条項（法10条の第1要件）であるといえます。

　また、受講生の自由な解除権を制限すると、たとえば、受講生が病気や転勤等によって音楽教室に通えなくなったような場合についても一切解除が認められないことになります。これは、実質的には受講料の全額を違約金として没収するのと何ら変わらないことから、設問の解除権制限条項は、消費者にとって極めて不利益な条項といえます。他方、音楽教室の立場からは、受講生の自由な解除を認めると、経営が不安定になる等の不利益が生じるとの主張が考えられます。しかし、音楽教室としては、受講契約が音楽教室に不利な時期に解除された場合には、受講生に対して損害賠償を請求できることもありますので（民法651条2項）、解除権制限条項が存在しないことによって生じる音楽教室の不利益は、同条項が存在することによって受講生に生じる不利益と比較して小さいものとされる可能性があります。したがって、その他の事情にもよりますが、設問のような受講生の解除権を制限する条項は、民法1条2項で規定されている信義則に反する程度に一方的に消費者の利益を侵害する場合（法10条の第2要件）に該当すると判断される可能性があると考えられます。

　そうすると、設問の解除権制限条項は、法10条により無効とされます。

Q50　生命保険契約における無催告失効条項は有効か

　私が締結した生命保険契約には、払込期日までに保険料を支払わ
ず、その後、１カ月間の猶予期間内にも保険料を支払わなければ、猶
予期間満了日の翌日には保険会社からの何らの催告がなくても当然に
契約の効力が失われるという条項があります。このような条項は有効
なのでしょうか。

▶ ▶ ▶ Point

① 　消費者契約法では、消費者の利益を一方的に害する条項を無効としてい
　ます。

② 　無催告失効条項が消費者契約法により無効とされる否かは、条項の文言
　そのものだけではなく、実務上の運用等、条項の内容以外の事情も考慮し
　て判断されます。

1　はじめに

　消費者と事業者との契約の中には、消費者の権利を制限したり、消費者の
義務を加重する条項が入っていることがあります。

　そこで、設問のように、保険料の未払いがある場合に保険会社の催告なし
に保険契約が効力を失うとする無催告失効条項が法10条により無効とされる
かが問題となります。

2　消費者の利益を一方的に害する条項の意義・趣旨

　消費者契約法は、消費者契約の条項が無効となる場合についての包括的な
ルールを定めています。すなわち、法10条では、「法令中の公の秩序に関し

ない規定の適用による場合に比して消費者の権利を制限し又は消費者の義務
を加重する消費者契約の条項」（第1要件）で、「民法第1条第2項に規定す
る基本原則に反して消費者の利益を一方的に害するもの」（第2要件）につ
いてその効力を否定することとしています。

　この趣旨は、消費者契約における契約条項を適正なものとするためには、
無効とされるべき不当条項をリストとして列挙することが有用であるもの
の、不当条項を網羅することは立法技術上困難であること、また時代の変化
に伴って生じる不当条項に対応していく必要性があることから、このような
包括的なルールを定めたことにあります。

　第1要件の「法令中の公の秩序に関しない規定」とは、いわゆる任意規定
（当事者が契約によってその規定と違った合意をしなければ適用される規定）のこ
とを指します。この中には民法等に定められた明文の規定のほかに一般的な
法理も含まれます（最高裁平成23年7月15日判決・判タ1361号89頁）。

　第1要件に該当するか否かは、端的にいえば、当該条項がない場合と比較
して、消費者の権利が制限されていないか、あるいは消費者の義務が加重さ
れていないかということにより判断されることとなります。

　もっとも、当該契約条項が無効とされるには第2要件もあわせて満たす必
要があります。すなわち、当該契約条項によって消費者の権利が制限され、
または義務が加重されることにより、信義則に反する程度に消費者の利益が
一方的に害されるものである場合に無効となるのです。

　この第2要件の判断基準について、最高裁判所は「当該条項が信義則に反
して消費者の利益を一方的に害するものであるか否かは、消費者契約法の趣
旨、目的（同法1条参照）に照らし、当該条項の性質、契約が成立するに
至った経緯、消費者と事業者との間に存する情報の質及び量並びに交渉力の
格差その他諸般の事情を総合考量して判断されるべきである」とし、消費者
契約法の趣旨および目的に照らして判断すべきことを明らかにしています
（前掲最高裁平成23年7月15日判決）。

3 無催告失効条項と法10条

　判例（最高裁平成24年3月16日判決・判タ1370号115頁）は、生命保険契約等に適用される設問と同様の無催告失効条項が法10条に反し無効であるか否かが問題となった事案で、まず、設問のような条項中の「猶予期間は、保険料支払債務の不履行を理由とする保険契約の失効を当該払込期月の翌月の末日まで猶予する趣旨のものというべきである」から、無催告失効条項は、「保険料が払込期月内に払い込まれず、かつ、その後1か月の猶予期間の間にも保険料支払債務の不履行が解消されない場合に、保険契約が失効する旨を定めたものと解される」としました。

　そして、このことを前提に、無催告失効条項は「履行の催告（民法541条）なしに保険契約が失効する旨を定めるものであるから、この点において、任意規定の適用による場合に比し、消費者である保険契約者の権利を制限するものであるというべきである」（法10条の上記第1要件）としました。

　しかし、法10条にいう「民法第1条第2項に規定する基本原則に反して消費者の利益を一方的に害するもの」（上記第2要件）の要件に該当するかについて、①1カ月の猶予期間が定められ、②保険契約が1回の保険料の不払いにより簡単に失効しないようにされている（たとえば、自動貸付条項の存在等）など、保険契約者が保険料の不払いをした場合にも、その権利保護を図るために一定の配慮がされており、③保険会社が、保険契約の締結当時、保険料支払債務の不履行があった場合に、契約失効前に保険契約者に対して、保険料払込みの督促を行う実務上の運用を確実にしているときは、第2要件にあたらないとしました。

　このように、本判決は、上記③を考慮要素とすることを認めており、条項の意味解釈において確実な実務上の運用を考慮するということを前提に無催告失効条項が法10条の上記第2要件に該当するかの判断において、契約の締結当時における条項外の事情をも考慮すべきとしたものと解されます。無効

な契約条項が運用によって有効となるということではありませんので、この点は注意が必要です。

4 設問の場合

　設問の場合、「払込期日までに保険料を支払わず、その後1カ月の猶予期間内に保険料を払わなければ、猶予期間満了日の翌日には保険会社からの何らの催告がなくても当然に契約の効力が失われる」との無催告失効条項があるところ、まず当該条項の猶予期間は、保険料支払債務の不履行を理由とする保険契約の失効を払込期月の翌月の末日まで猶予する趣旨であると解されます。

　そして、上記判例でも指摘されている自動貸付条項等、保険契約が簡単に失効しないような配慮がなされており、かつ、保険料支払債務の不履行があった場合に、契約失効前に保険契約者に対して、保険料払込みの督促を行う実務上の運用が確実にされているようなときには、設問の無催告失効条項は信義則に反して消費者の利益を一方的に害するものにあたらないものと解され、設問の条項は有効と考えられます。

　他方、上記のような実務上の運用がとられていない等の事情がある場合は、設問の無催告失効条項は信義則に反して消費者の利益を一方的に害するものとして、法10条により無効となり得ます。

Q51 ローンの繰上げ返済を行う場合に、一定額を違約金として支払う旨の契約条項は有効か

A銀行から私は住宅ローンを借りたのですが、繰上げ返済を考えています。ところが、住宅ローン契約書には「契約日から５年以内に本契約による借入金、利息について、約定返済期限前に一部または全部を繰り上げて返済する場合には、その返済額の３％を手数料および違約金として支払う」との規定がありました。このような条項に問題はないのでしょうか。

▶ ▶ ▶ Point

①　消費者契約法では、消費者の利益を一方的に害する条項を無効としています。

②　設問のような条項（早期完済違約金条項）は、貸付利率等の契約条件いかんによっては消費者の義務を加重する場合があり、消費者契約法に該当することがあります。

1 はじめに

消費者と事業者との契約の中には、消費者の権利を制限したり、消費者の義務を加重する条項が入っていたりすることがあります。

そこで、設問のように、住宅ローンの繰上げ返済を行った場合に、「その返済額の３％を手数料及び違約金として支払う」との規定（早期完済違約金条項）が、消費者の義務を加重し、信義則に反して消費者の利益を一方的に害するものとして法10条により無効とされるかが問題となります。

2　消費者の利益を一方的に害する条項の意義・趣旨

　消費者契約法は、消費者契約の条項が無効となる場合についての包括的な
ルールを定めています。すなわち、法10条では、「法令中の公の秩序に関し
ない規定の適用による場合に比して消費者の権利を制限し又は消費者の義務
を加重する消費者契約の条項」（第1要件）で、「民法第1条第2項に規定す
る基本原則に反して消費者の利益を一方的に害するもの」（第2要件）につ
いてその効力を否定することとしています。

　この趣旨は、消費者契約における契約条項を適正なものとするためには、
無効とされるべき不当条項をリストとして列挙することが有用であるもの
の、不当条項を網羅することは立法技術上困難であること、また時代の変化
に伴って生じる不当条項に対応していく必要性があることから、このような
包括的なルールを定めたことにあります。

　第1要件の「法令中の公の秩序に関しない規定」とは、いわゆる任意規定
（当事者が契約によってその規定と違った合意をしなければ適用される規定）のこ
とを指します。この中には民法等に定められた明文の規定のほかに一般的な
法理も含まれます（最高裁平成23年7月15日判決・判タ1361号89頁）。

　第1要件に該当するか否かは、端的にいえば、当該条項がない場合と比較
して、消費者の権利が制限されていないか、あるいは消費者の義務が加重さ
れていないかということにより判断されることとなります。

　もっとも、当該契約条項が無効とされるには第2要件もあわせて満たす必
要があります。すなわち、当該契約条項によって消費者の権利が制限され、
または義務が加重されることにより、信義則に反する程度に消費者の利益が
一方的に害されるものである場合に無効となるのです。

　この第2要件の判断基準について、最高裁判所は「当該条項が信義則に反
して消費者の利益を一方的に害するものであるか否かは、消費者契約法の趣
旨、目的（同法1条参照）に照らし、当該条項の性質、契約が成立するに

至った経緯、消費者と事業者との間に存する情報の質及び量並びに交渉力の格差その他諸般の事情を総合考量して判断されるべきである」とし、消費者契約法の趣旨および目的に照らして判断すべきことを明らかにしています（前掲最高裁平成23年7月15日判決）。

③ 早期完済違約金条項と民法136条2項との関係

　金銭消費貸借契約の借主は、期限の利益（一定の期限が到来するまで弁済（支払い）をしなくてもよい、という債務者の利益）を放棄できますが、相手方（貸主）の利益を害することはできません（民法136条2項）。そのため、当該金銭消費貸借契約が利息付きで借主が期限の前に返済する場合は、期限までの利息を付して返済する必要があると解されています。

　もっとも、利息制限法1条1項および2条は、「金銭消費貸借上の貸主には、借主が実際に利用することが可能な貸付額とその利用期間とを基礎とする〔利息制限——筆者注記〕法所定の制限内の利息の取得のみを認め」る趣旨の規定ですので（最高裁平成15年7月18日判決・判タ1133号89頁）、期限までの約定の利息を付して返済する必要があるとしても、利息制限法所定の制限利率を超える場合は、当該超える部分についての支払義務は認められないこととなります。

　したがって、設問のような早期完済違約金条項は、貸付利率、違約金の利率および返済時期によっては、当該違約金の全額の支払義務が認められる場合と、利息制限法により同法所定の制限利率を超える部分についての支払義務が認められない場合があることになります。

　実際に、利息付金銭消費貸借契約の借主が返済期限到来前に貸付金を全額返済する場合に利息のほかに返済する残元金に対し3％の割合による金員を貸主に対して交付する旨を定める契約条項（早期完済違約金条項）が、法10条により無効となるかが争われた事例があります（京都地裁平成21年4月23日判決・判時2055号123頁）。

　この事件では、早期完済違約金条項は、上述したように、貸付利率が利息制限法所定の制限利率を超える場合には、利息制限法により取得が認められない利息の取得を認めるのと等しい内容であるから消費者の義務を加重するものであるとし、そのような場合、早期完済条項は消費者が法律上支払義務を負わない金員を支払うことを内容とする条項として、信義則に反して消費者の利益を一方的に害するものと評価せざるを得ないとしました。

4 設問の場合

　設問の「契約日から５年以内に本契約による借入金、利息について、約定返済期限前に一部または全部を繰り上げて返済する場合には、その返済額の３％を手数料及び違約金として支払う」という条項は、貸付利率および返済時期によっては、利息制限法により取得が認められない利息の取得を認めるのと等しい内容となる場合があります。そのような場合の早期完済違約金条項は、消費者の義務を加重するものであり、消費者が法律上支払義務を負わない金員を支払うことを内容とする条項として信義則に反して消費者の利益を一方的に害するものといえますので、法10条により無効となります。

┌─コラム⑨　サルベージ条項─────────────────────

　たとえば、「法律で許容される範囲において、一切責任を負わない」といった契約条項のように、ある条項が強行法規に反し全部無効となる場合に、その条項の効力を強行法規によって無効とされない範囲に限定する趣旨の条項をサルベージ条項といいます。

　「一切責任を負わない」という全部免責条項は、法8条1項1号・3号に違反する条項ですから、当該条項は全部無効となります。しかし、「法律で許容される範囲において」という文言を付加することで、全部免責条項とはならなくなるので、その限りで当該条項は有効となります。

　このように、消費者契約法等の適用を排除し、本来無効となるべき条項を有効なところまで引き上げる（salvage）ことを企図して設けられていることから、サルベージ条項といわれているのです。

　サルベージ条項は、有効とされる条項の範囲が明示されていないため、消費者にとって条項の内容が不明確であり、結果として消費者の事業者に対する責任追及を萎縮させ、消費者が不当条項を甘受しかねないなど、消費者が不利益を受けるおそれがあるといった問題などがあります。事業者は、契約条項の作成に際し、条項の明確化・平易化義務を負っている（法3条1項1号。Q5参照）ことからすると、サルベージ条項を用いることなく、たとえば、「故意又は重過失がある場合を除き、責任を負わない」とするなど、事業者が責任を負う場合を具体的に明示すべきです。

　サルベージ条項は上記のように消費者の権利行使に対する萎縮効果を生むなど、現実的な弊害ないしその危険性が著しく、類型的に消費者の利益を一方的に害する契約条項といえることから、不当性は高く、法10条に反し（Q47～Q51）、無効になると考えられます。

　消費者契約法の第3次改正に係る消費者庁「消費者契約に関する検討会」（令和元年12月設置）においても、少なくとも事業者の損害賠償責任免責条項に係るサルベージ条項を不当条項として全部無効と規律する方向で議論がされています。

└────────────────────────────────────

第4章

その他

Q52　消費者契約法と民法（債権法）改正との関係はどのようになっているか

平成29年に民法（債権法）が改正されたことに関連して、消費者契約法も改正されたようですが、どのような変更があるのでしょうか。また、消費者契約に関係し、特に押さえておくべき民法（債権法）改正のポイントはありますか。

▶ ▶ ▶ Point

① 平成29年の民法（債権法）改正を受け、消費者取消権行使後の消費者の返還義務の内容を現存利益に限定する改正や、不実告知等による消費者の意思表示を信頼した第三者の保護規定が改正されました。

② 平成29年民法改正によって、定型約款や売主や請負人の責任など、消費者契約に関係する規定が新設ないし変更されました。

1　平成29年民法改正を受けた返還義務に関する消費者契約法の改正

(1)　消費者契約法に基づく取消権行使後の消費者の返還義務の内容

(A)　平成29年民法改正後の民法上の返還義務の内容

平成29年の民法（債権法）改正前は、契約が無効であったり契約を取り消した場合の返還義務の内容は、民法703条に基づき、悪意（契約が無効であったり取り消せることを知っていること）でない限り現に残っている利益（現存利益）で足りるとされていました。

ところが、平成29年民法改正により、返還義務の内容が、原則として原状回復義務になりました（民法121条の２第１項）。原状回復とは、手元に現物

があれば返還し、現物がなければ代わりに金銭を支払うということです。そして、例外的に、贈与などの無償行為に限って、善意（契約が無効であったり取り消せることを知らないこと）の場合の返還義務の内容が現存利益に限定されることになりました（同条2項）。

(B)　消費者契約法上の返還義務の内容

しかし、契約当事者間の立場が対等でない消費者契約の場合にも返還義務の内容を原則として原状回復とするのは消費者側に負担となり、消費者契約法に基づく取消権を行使する意味がなくなります。そこで、消費者が取り消せることを知らなかった場合には現存利益を返還すれば足りるとする旨の法改正がなされました（法6条の2。Q26・Q27参照）。

(2)　不実告知等による消費者の意思表示を信頼した第三者の保護規定の改正

(A)　平成29年民法改正前の第三者の範囲

これまでは、消費者取消権を行使した場合も、取消しの原因となる事情を知らなかった（善意）第三者には対抗できないとされていました（改正前の法4条6項）。

たとえば、消費者Aが事業者Bの不実告知によって不動産をBに売却し、Bが第三者Cに不動産を転売した後に、Aが法4条1項1号に基づき取消権を行使したとします。この場合、Cが不実告知について知らなければ、CはAに不動産を返還する必要はありませんでした。

平成29年民法改正前の民法でも、明文上は、詐欺を理由に契約を取り消した場合、善意の第三者に対抗できないとされていました（改正前民法96条3項）。

(B)　平成29年民法改正後の第三者の範囲

平成29年民法改正で、詐欺を理由に契約を取り消した場合に保護される第三者が「善意の第三者」から「善意かつ過失がない第三者」に変更されました（民法96条3項）。これは、詐欺による意思表示をした表意者に責められる

べき事情が小さいことから、詐欺による意思表示を信頼して取引に入った第三者をあえて保護するためには、善意だけでなく過失がないことまで求めなければ詐欺を受けた者とのバランスを欠くとされたことによるものです。

これに合わせて、詐欺による意思表示を信頼した第三者と質的に同様の類型にあたる不実告知等による消費者の意思表示を信頼した第三者の保護の範囲も、「善意の第三者」から「善意かつ過失がない第三者」に修正されました（法4条6項）。上記の具体例でいうと、Cが不実告知について知らず、かつ知らないことについて過失がない場合は取消しをAに対抗できます。

② 消費者契約に関係する民法（債権法）の改正ポイント

(1) 定型約款

これまでも事業者は多くの契約で取引条件をあらかじめ「約款」で定めていましたが、法律上約款について規定されていませんでした。

そこで、平成29年民法改正では、定型約款という概念を設けたうえで、定型約款が契約の内容になるための要件、定型約款の内容の開示に関するルール、不当条項・不意打ち条項規制に関するルール、一方的に変更するための要件などが定められました（民法548条の2～548条の4）。なお、定型約款は、相手方から請求があったときは、定型約款準備者が、その定型約款の内容を示さなければならず、これを定型約款準備者が拒否した場合は、定型約款は契約の内容にならないというような規制も設けられています。しかし、消費者契約で使用される定型約款については、少なくとも、法3条1項に基づき、積極的に、消費者に定型約款の内容をわかりやすく周知することが求められるでしょう。

(2) 売主や請負人の責任

これまでも消費者は購入した商品に不具合があった場合、事業者に対して権利を主張することが可能でしたが、消費者が不具合を知らなかったことが要求されていました。また、追完や代金減額を請求できるかは明確ではあり

ませんでした。

　そこで、売買や請負において、商品に不具合があった場合に売主等が負う責任を瑕疵担保責任（法定の無過失責任）から契約不適合責任（債務不履行責任）とし、引き渡された目的物が契約の内容に適合しない場合の買主等の追完請求権、代金減額請求権、解除権、損害賠償請求権などが明確化されました（売買につき民法562条〜564条、請負につき636条〜637条）。

　そして、民法の瑕疵担保責任の関する規定の改正・施行を受けて、法8条1項5号は削除され、また、同条2項の条文も変更されています（Q33〜Q36参照）。

③　最後に

　平成29年民法改正に伴い、消費者契約法の規定も改正されることになりました。改正前の法律を使うのか、改正後の法律を使うのか、民法改正法（民法の一部を改正する法律（平成29年法律第44号））附則に定められた経過措置も参照して必ず確認してください。

Q53 消費者契約法と特別法との関係はどのようになっているか

　私は、不動産業者Ａから土地を全額自己資金で購入する契約を締結しました。しかし、事情が変わり自己資金を準備することができなくなり、契約から間もなく契約違反により解除されることになりました。契約書には、違約金の定めがあり、売買契約が解除された場合、売買代金の20%を違約金として支払うとの定めがあります。このような条項は宅地建物取引業法上は有効とのことですが、消費者契約法により無効とはならないのでしょうか。

▶ ▶ ▶ Point

① 消費者契約法の規定と民法および商法の規定が競合する場合、消費者契約法が優先的に適用されます。

② 消費者契約法の規定と民法および商法以外の他の法律（個別法）の私法規定が競合する場合は、個別法の私法規定が優先的に適用されます。

③ 売主が宅地建物取引業者（宅建業者）の場合、違約金を売買代金の20%と定めることは消費者契約法に直ちに違反しません。

1 法11条の意義・趣旨

　法11条1項は、消費者契約法が民法および商法に加えて、消費者契約の特性に照らして消費者契約の取消しを認めたり、消費者契約の条項の効力を否定したりする新たな制度を導入するものであることから、①消費者契約法に特段の定めがない事項に限って、補充的に民法および商法の規定が適用されること、②消費者契約法の規定と民法および商法の規定が競合する場合には

消費者契約法が優先的に適用されることを明らかにするものです。

　たとえば、消費者取消権行使後の返還義務の内容は、民法では原則として原状回復ですが（民法121条の2）、法6条の2が優先的に適用されることから現存利益の限度となります（Q52参照）。

　民法および商法以外の個別法の規定の中にも、消費者契約法の規定に抵触するものがあります。個別法は、当該業種の特性や実情、契約当事者の利益等を踏まえたうえで取引の適正化を図ることを目的として規定されたものです。そのため、法11条2項において、消費者契約を幅広く対象とする消費者契約法の規定と個別法の規定とが抵触する場合には、原則として個別法が優先的に適用されることを明らかにしました。

　たとえば、割賦販売法では、包括信用購入あっせん業者が購入者の支払義務が履行されない場合に一定の金額以上の損害賠償を請求することができない旨が規定されています（割賦販売法30条の3第2項）。この規定は法9条2号の規定と要件が抵触していますが、これは包括信用購入あっせんに係る契約の特性を踏まえて設けられたものであることから、割賦販売法の規定が優先して適用されることになります。

　ただし、必ず特別法が優先すると考えるべきでないことに注意が必要です。すなわち、消費者契約法は、消費者契約における民事ルールを定めたものですから、消費者契約法の趣旨を後退させる規定が個別法にある場合には、消費者契約法に優先して適用されるべきではありません。また、個別法の規定と抵触しない消費者契約法の規定は、それが個別法の適用範囲であったとしても、消費者契約であれば適用されると考えるべきです。

②　法9条1号と宅地建物取引業法38条との関係

　法9条1号は消費者契約における違約金等の定めについて、平均的損害を超える部分を無効とする規定です（Q42～Q46参照）。

　他方で、宅地建物取引業法38条では、宅建業者が自ら売主となる宅地また

は建物の売買契約において、違約金等が代金の2割を超えてはならず、2割を超える部分は無効となる旨が定められており、法9条1号の「平均的な損害の額」と要件が抵触します。

　宅地建物取引業法38条の規定は、宅地建物取引の特性を踏まえて設けられたものであるため、この場合は法11条2項によって宅地建物取引業法38条が優先して適用され、法9条1号の規定は適用されないことになります。なお、宅地建物取引業法はあくまでも上限を定めたものであって、2割まで受け取ってよいとしたものではないので、法9条1号の適用が全くないということにはならないという見解も有力です。

３　宅地建物取引業法31条違反の可能性

　とはいえ、宅地建物取引業法38条は、あくまで違約金等の上限を定めるものです。契約書で違約金を2割と定めていれば必ず宅建業者が2割の違約金を請求してよいということにはなりません。

　すなわち、宅地建物取引業法31条1項では、「宅地建物取引業者は、取引の関係者に対し、信義を旨とし、誠実にその業務を行なわなければならない」と定められており、信義則に照らして不当に過大である違約金の定めは法10条により無効であると考えられます。なお、マンションの売買代金の2割が損害賠償額として予定された違約条項が存在し、この条項が法9条1号および10条に基づき無効であると主張し争われた事件として、福岡高裁平成20年3月28日判決・判時2024号32頁があります。この裁判では、宅地建物取引業法が優先適用されるとして法9条1号・10条いずれの適用も排斥しましたが、民法の一般条項である信義誠実の原則により減額の余地があるとし、契約解除後、早期に当該マンションが再売却されたなどの事実関係の下、手付金の2倍を超える部分について無効としました。

　このような裁判例について一定の評価はできますが、宅地建物取引業法31条の規定と法10条の規定は矛盾しないのですから、法10条を排斥するのでは

なく、同条に基づき無効とするべきであったと考えられます。

　たとえば、前記裁判例の事例のように、Aが契約を解除した後直ちに他の買主に当該土地を売却することができたために、ほとんど損害を被らなかったような場合にまで約定の2割の違約金を請求することは信義則に照らして不当に過大であり、そのような違約条項は法10条により無効であると考えられます。

4 設問の場合

　相談者は不動産業者Aから土地を購入したということですから宅地建物取引業法の問題になります。そして、違約金は2割までは宅地建物取引業法上、問題がなく、消費者契約法により無効とすることは原則できません。しかし、常に違約金2割を取れるわけではなく、違約金として2割を取ることが信義則に照らして不当に過大（宅地建物取引業法31条1項）であれば、それは法10条により無効となります。

Q54　適格消費者団体・特定適格消費者団体とはどのような団体か

適格消費者団体や特定適格消費者団体というものがあると聞きましたが、それらはどのような団体でしょうか。また、それらの団体はどのように監督されているのでしょうか。

▶ ▶ ▶ Point

① 　適格消費者団体は、消費者の利益を擁護するために消費者に代わって差止めを求めることができます。

② 　特定適格消費者団体は、消費者の金銭的な被害回復のために消費者に代わって被害の集団的な回復を求めることができます。

③ 　適格消費者団体および特定適格消費者団体に対する監督方法は法定されています。

１　消費者団体訴訟制度

　消費者団体訴訟制度とは、内閣総理大臣が認定した消費者団体である適格消費者団体や特定適格消費者団体が、消費者に代わって事業者に対して訴訟等をすることができる制度をいいます。

　民事訴訟の原則的な考えでは、消費者が事業者を個別に訴えることになりますが、消費者と事業者との間には情報の質・量・交渉力の格差があること、訴訟には時間・費用・労力がかかり、少額被害の回復には見合わないこと、個別の被害が回復されても同種のトラブルが後を絶たないことなどから、内閣総理大臣が認定した消費者団体に特別な権限を付与したものです。

　具体的には、差止請求と被害回復の二つの制度からなっています（Q55・

コラム⑩、コラム⑪参照）。

2 適格消費者団体

　適格消費者団体は、不特定多数の消費者の利益を擁護するために、事業者の不当な行為に対して差止めを求めることができます（法12条）。

　具体的には、適格消費者団体は、消費者からの情報提供などによって被害情報を収集・分析・調査し、事業者に対して業務改善を申し入れます。事業者が業務改善に応じない場合、消費者契約法・景品表示法・特定商取引法・食品表示法に違反する不当な勧誘行為・不当な契約条項・不当な表示について差止請求訴訟を提起することができます。

　これまで、売買契約のキャンセル時期を問わず一律のキャンセル料の支払いを要求する条項などについて、事業者が削除に応じたり、事業者の不当な勧誘行為について今後行ってはならないという判決が言い渡されたりするなど、関係者の努力によって一定の成果をあげています。

　このように、差止請求制度は、適格消費者団体によって事業者の勧誘方法や契約書の条項等の改善をめざす制度です。

3 特定適格消費者団体

　特定適格消費者団体は、適格消費者団体の中から内閣総理大臣が新たに認定した団体であって、消費者に代わって被害の集団的な回復を求めることができます。

　被害回復制度の詳細はコラム⑩に譲りますが、差止請求制度を一歩進めて、消費者の金銭的な被害の回復を図ることをめざす制度です。「消費者の財産的被害の集団的な回復のための民事の裁判手続の特例に関する法律」に規定されています。

4 適格消費者団体および特定適格消費者団体の認定および監督

適格消費者団体に認定されるためには、特定非営利活動法人または一般社団法人もしくは一般財団法人であって、不特定多数の消費者の利益擁護のための活動を主たる目的として現にその活動を相当期間にわたり継続して適正に行っており、消費生活および法律の専門家を確保しているなどの要件を満たす必要があります。令和3年5月現在、全国で21団体が適格消費者団体の認定を受けています（下記一覧参照）。

また、特定適格消費者団体に認定されるためには、適格消費者団体のうち、差止請求関係業務を相当期間にわたり継続して適正に行っており、理事に弁護士を選任しているなどの要件を満たす必要があります。令和3年5月現在、全国で3団体が特定適格消費者団体の認定を受けています（下記下線）。

適格消費者団体および特定適格消費者団体に対する監督方法は法定されており、その基準等についてガイドラインが設けられています。

具体的には、内閣総理大臣は、業務や経理の状況について報告を求めたり、立入検査を行ったりできます。認定要件に適合しなくなったと認める場合には、適合命令または改善命令を発令することができ、それでも是正が図られないときは認定を取り消すことができます。

特定適格消費者団体・適格消費者団体一覧

（認定日順・下線は特定適格消費者団体）

- 【東京都】特定非営利活動法人消費者機構日本（COJ）
- 【大阪府】特定非営利活動法人消費者支援機構関西（KC's）
- 【東京都】公益社団法人全国消費生活相談員協会（全相協）
- 【京都府】特定非営利活動法人京都消費者契約ネットワーク（KCCN）
- 【広島県】特定非営利活動法人消費者ネット広島
- 【兵庫県】特定非営利活動法人ひょうご消費者ネット

・【埼玉県】<u>特定非営利活動法人埼玉消費者被害をなくす会</u>
・【北海道】特定非営利活動法人消費者支援ネット北海道
・【愛知県】特定非営利活動法人消費者被害防止ネットワーク東海（C ネット）
・【大分県】特定非営利活動法人大分県消費者問題ネットワーク
・【福岡県】特定非営利活動法人消費者支援機構福岡（CSO ふくおか）
・【熊本県】NPO 法人消費者支援ネットくまもと
・【岡山県】特定非営利活動法人消費者ネットおかやま
・【佐賀県】特定非営利活動法人佐賀消費者フォーラム
・【宮城県】特定非営利活動法人消費者市民ネットとうほく
・【石川県】特定非営利活動法人消費者支援ネットワークいしかわ
・【群馬県】特定非営利活動法人消費者支援群馬ひまわりの会
・【愛媛県】特定非営利活動法人えひめ消費者ネット
・【神奈川県】特定非営利活動法人消費者支援かながわ
・【千葉県】特定非営利活動法人消費者市民サポートちば
・【栃木県】特定非営利活動法人とちぎ消費者リンク

┌─ コラム⑩ 　集団的消費者被害回復制度(1)──制度の概要 ─────

平成25年12月11日、「消費者の財産的被害の集団的な回復のための民事の裁判手続の特例に関する法律」（以下、「特例法」といいます）が公布され、平成28年10月１日に施行されました。一般に集団的消費者被害回復制度と呼ばれています（以下、「本制度」といいます）。

これまで、被害者が多数存在するものの１人ひとりの被害金額が小さな消費者事件などは、被害金額に見合わない費用・労力等の回収コストや、消費者と事業者の間の情報格差・交渉力格差から泣き寝入りになりがちでした。そこで、特定適格消費者団体が本制度を活用することでそのような消費者事件の被害回復を容易にすることが期待されています（特定適格消費者団体については Q54参照）。

本制度は、大きく１段階目の手続である共有義務確認訴訟（一定の類型の多数の被害者が存在する消費者事件について、事業者の共通義務（金銭支払義務）の存否を確認する裁判手続）と２段階目の手続である対象債権の確定手続（被害者である個別の消費者の内、誰に、いくら支払うかを確定する手続）から成り立っています。

本制度が対象とする事案は消費者契約に関する金銭支払義務のうち、①契約上の債務の履行の請求、②不当利得に係る請求、③契約上の債務の不履行による損害賠償の請求、④不法行為に基づく民法の規定による損害賠償の請求の４類型に限られており、いわゆる拡大損害、逸失利益、人身損害、慰謝料が除かれています。また、施行日より前の事案は本制度の対象とはなりません（特例法３条１項・２項）。

そして、本制度が対象とする相手方は、上記①〜③の請求の場合は、消費者契約の相手方である事業者、上記④の請求の場合は、消費者契約の相手方である事業者もしくはその債務の履行をする事業者または消費者契約の締結について勧誘をし、当該勧誘をさせ、もしくは当該勧誘を助長する事業者に限られています（特例法３条３項）。

└─────────────────────────────────────

消費者団体訴訟（差止請求）とはどのような制度か

　「通常価格4000円のところ、今だけお試し価格200円で送料無料」という広告を見て、一度だけ試してみようと思って商品を注文しました。ところが、実際には毎月１万円分の契約を４カ月分申し込む内容となっており、お試し価格とあわせて総額４万200円となっていました。広告をよく見るとそのことが小さい文字で書かれていましたが全くわかりませんでした。このような表示は不当なものだと思いますので、業者に広告を改めさせたいと思っていたところ、適格消費者団体による差止請求というものがあるのを知りました。私が適格消費者団体に対してできることはあるでしょうか。

▶ ▷ ▶ Point

① 　適格消費者団体は、事業者に対して不当な表示の差止めを求めることができます。

② 　消費者は被害情報等を提供することで、適格消費者団体の活動に協力することができます。

1 　適格消費者団体の差止請求

　適格消費者団体は、事業者が不当な行為を現に行いまたは行うおそれがあるときには、事業者の不当な行為に対して、差止めを求めることができます（〔図表20〕、Q54も参照）。この場合、適格消費者団体は、事業者に対して、①当該行為の停止、予防、②当該行為に供した物の廃棄、除去、③その他の当該行為の停止、予防に必要な措置を講ずることを求めることができます。

229

〔図表20〕差止請求の流れ

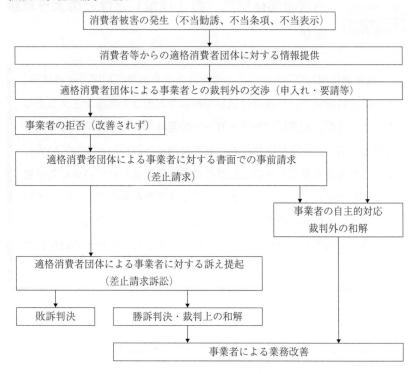

※判決に不服があれば、適格消費者団体、事業者とも上訴することができます。

　具体的には、消費者契約法以外に、景品表示法、特定商取引法、食品表示法において、適格消費者団体による差止請求権が認められています（〔図表21〕参照）。たとえば、アレルゲンや消費期限、添加物等について著しく事実に相違する食品の表示は、食品表示法に基づく差止請求が可能です（食品表示法11条）。

2 景品表示法に基づく差止請求

　景品表示法では、事業者が不特定かつ多数の一般消費者に対して、①商品または役務の品質、規格その他の内容について、実際のものまたは当該事業

〔図表21〕差止請求の対象となる事業者の行為

根拠法	差止請求の対象行為
消費者契約法	法12条に規定された不当行為 ①不当勧誘行為（法4条1項～4項） ②不当条項（法8条～10条）
景品表示法	景品表示法30条に規定された不当表示 ①優良誤認表示（同法1号） ②有利誤認表示（同法2号）
特定商取引法	特定商取引法58条の18～58条の24に規定された行為 ①不当勧誘行為（不実告知、故意の事実不告知、威迫・困惑等） ②不当な契約条項の使用（クーリング・オフを無意味にする特約など） ③虚偽誇大広告（著しく虚偽または誇大な広告）
食品表示法	食品表示法11条に規定された不当表示 　虚偽表示

者と同種もしくは類似の商品もしくは役務を供給している他の事業者に係るものよりも著しく優良であると誤認される表示をする（優良誤認表示）行為と、②商品または役務の価格その他の取引条件について、実際のものまたは当該事業者と同種もしくは類似の商品もしくは役務を供給している他の事業者に係るものよりも取引の相手方に著しく有利であると誤認される表示（有利誤認表示）をする行為について、適格消費者団体の差止請求権を規定しています（景品表示法30条1項）。

　そして、商品の内容や取引条件を強調した表示内容について例外がある場合は、その例外の表示（いわゆる打消し表示）をわかりやすく適切に行わなければ、消費者が誤認するため、優良誤認表示ないし有利誤認表示にあたるおそれがあります。

　打消し表示については、消費者庁が表示方法および表示内容に関して考え方を公表しています。これによると、強調表示の内容が商品の実際を反映していることが原則であり、強調表示と打消し表示とが矛盾するような場合は、消費者に誤認され景品表示法上問題となるおそれがあります。また、打

消し表示の文字が小さい場合や配置場所が強調表示から離れている等の場合、消費者が打消し表示に気づくことができない旨も指摘されています。

3 設問の場合

「通常価格4000円のところ、今だけお試し価格200円で送料無料」と商品の取引条件について有利性が強調された表示がなされていますが、この表示だけでは打消し表示にある毎月1万円分を4カ月分あわせて申し込むことがそのための条件であるとは認識できません。

強調表示と打消し表示とが矛盾するため、有利誤認表示にあたると考えられます。

また、打消し表示はよく見なければわからないほど小さい文字で記載されており、文字の大きさや配置場所によっても有利誤認表示にあたるといえるでしょう。

したがって、広告をやめさせるためには、適格消費者団体が景品表示法に基づき差止請求をすることが考えられます。

なお、適格消費者団体が差止請求を行うには、消費者から被害情報等の提供が不可欠です。消費者から適格消費者団体に対する情報提供の多くは、消費生活センターでの相談を通じて行われていますが、適格消費者団体への直接の情報提供も可能です。多くの適格消費者団体は、ウェブサイト上に情報提供の問合せフォームや連絡方法などを掲載して、消費者からの情報を広く呼びかけており、消費者からの積極的な情報提供が望まれています。

┌─ コラム⑪　集団的消費者被害回復制度(2)──制度の課題 ─

　「消費者の財産的被害の集団的な回復のための民事の裁判手続の特例に関する法律」（以下、「特例法」といいます）の附則5条には、施行後3年を経過した後、施行状況等を勘案し、特例法の規定について検討を加え、必要があるときは、その結果に基づき所要の措置を講ずるとの規定が置かれており、消費者庁は、令和3年3月24日から、有識者による「消費者裁判手続特例法等に関する検討会」を開催し、法改正等の必要性について検討を進めています。特例法は施行後すでに4年半が経過していますが、令和3年3月24日時点で、共通義務確認訴訟が提起された件数はわずか4件にすぎません。うち判決が出て確定したのは2件であり、その中でも債権確定手続に進んだのは1件のみです。これは件数としては非常に少ないといわざるを得ません。現状の特例法上の問題点をすべて列挙することはできませんが、重要な点をいくつか指摘しておきます。

　まず、本制度の対象事案が請求権や損害、被告の範囲の点で縛りがかけられている点です。本制度の対象となる事案は、事業者の共通義務を認定し、対象債権の確定手続で簡易・迅速に消費者への支払いを行うにふさわしい事件に限るという「支配性」という要件でも限定されるため（特例法3条4項）、あえて請求権や損害を限定する必要はありません。また、消費者被害をより広く救済していくためには、被告を、会社のみでなく、少なくともその代表者まで広げていく必要があります。

　次に、2段階目（コラム⑩参照）の手続における対象消費者への通知・公告の費用が団体の負担されていることも大きな問題です。2段階目の手続に進んでいるということは、被告となる事業者の賠償責任が認められたことにほかなりませんので、本来は事業者自らその費用を負担して対象消費者に通知しその義務を履行すべきところです。そのため、被告となる事業者が通知公告の費用を負担すべきです。

　さらに、共通義務の確認をせずに賠償義務を認める訴訟上の和解ができなかったり、裁判外での和解に関する規律が設けられていないため、裁判外での集団的消費者被害に関して相手方である事業者から和解の履行状況を確認する権限がなく、裁判外での和解の促進の妨げになっている点も問題です。和解の規律を柔軟化し、団体と事業者双方が、消費者被害の回復に向けて積極的に和解に取り組みやすい環境を整備することは非常に重要な課題となっています。

〔編者・執筆者紹介〕

※ ○：編者
（50音順）

伊藤　慧（いとう　さとし）　　　　弁護士（滋賀弁護士会）
京町法律事務所

○大上修一郎（おおうえ　しゅういちろう）　弁護士（大阪弁護士会）
おおうえ法律事務所

大西洋至（おおにし　ひろし）　　　弁護士（京都弁護士会）
弁護士法人二之宮義人法律事務所

荻野伸一（おぎの　しんいち）　　　弁護士（京都弁護士会）
弁護士法人伏見総合法律事務所

尾﨑由香（おざき　ゆか）　　　　　弁護士（大阪弁護士会）
尾﨑・藤野法律事務所

茂永　崇（しげなが　たかし）　　　弁護士（大阪弁護士会）
松村・茂永法律事務所

志部淳之介（しぶ　じゅんのすけ）　弁護士（京都弁護士会）
御池総合法律事務所

堤　茂豊（つつみ　しげとよ）　　　弁護士（大阪弁護士会）
堤法律事務所

○西谷拓哉（にしたに　たくや）　　弁護士（京都弁護士会）
西谷・三田村法律事　務所

○西塚直之（にしづか　なおゆき）　弁護士（大阪弁護士会）
西塚法律事務所

平尾嘉晃（ひらお　よしあき）　　　弁護士（京都弁護士会）
中村利雄法律事務所

○増田朋記（ますだ　ともき）　　　弁護士（京都弁護士会）
御池総合法律事務所

松川智博（まつかわ ともひろ）　　弁護士（京都弁護士会）
　　　　　　　　　　　　　　　　　　テミス総合法律事務所

松本伸治（まつもと しんじ）　　　弁護士（大阪弁護士会）
　　　　　　　　　　　　　　　　　　枚方市役所前法律事務所

森貞涼介（もりさだ りょうすけ）　元弁護士

安田善紀（やすだ よしのり）　　　弁護士（大阪弁護士会）
　　　　　　　　　　　　　　　　　　安田法律事務所

和合佐登恵（わごう さとえ）　　　弁護士（滋賀弁護士会）
　　　　　　　　　　　　　　　　　　滋賀第一法律事務所

〈トラブル相談シリーズ〉

消費者契約法のトラブル相談Q & A

2021年9月16日　第1刷発行

定価　本体2,700円＋税

編　　者　大上修一郎・西谷拓哉・西塚直之・増田朋記

発　　行　株式会社民事法研究会

印　　刷　藤原印刷株式会社

発 行 所　株式会社　民事法研究会

〒151-0073　東京都渋谷区恵比寿3-7-16

〔営業〕TEL03(5798)7257　FAX03(5798)7258

〔編集〕TEL03(5798)7277　FAX03(5798)7278

http://www.minjiho.com/　info@minjiho.com

落丁・乱丁はおとりかえいたします。ISBN978-4-86556-461-7 C2332　￥2700E

✱今、問題になっている消費者問題のテーマを、第一線で活躍する研究者・実務家が分析！

現代 消費者法

消費者法の動向を的確にフォローし、消費者法制のさらなる改善や消費者主権の確立に向けた関係者必須の諸情報を発信し、最先端の理論と実務の情報を提供する専門情報誌です！

年間購読料8,400円（本体7,637円＋10％税）送料込

年4回（3月・6月・9月・12月）発売　B5判・平均120頁

●**年度末処理や見積書等にも対応いたします。お気軽にご相談ください。**

≪各号の特集≫

No. 1	動き出した消費者団体訴訟　ほか	No. 35	個人情報保護と消費者
No. 2	改正特商法・割販法	No. 36	キャッシュレス決済と立法政策上の課題
No. 3	若者と消費者法	No. 37	終活をめぐるサービスと消費者法
No. 4	民法改正と消費者法　ほか	No. 38	旅行サービスと消費者
No. 5	消費者庁設置と地方消費者行政の充実	No. 39	改正民法と消費者　ほか
No. 6	広告と消費者法	No. 40	消費者被害の救済と抑止の手法の多様化
No. 7	多重債務と貸金業法	No. 41	改正消費者契約法の活用、課題と展望
No. 8	集団的消費者被害の救済制度の構築へ向けて	No. 42	テクノロジーの発展に消費者はどう向き合うべきか
No. 9	不招請勧誘規制	No. 43	終活をめぐるサービスと消費者法
No. 10	貧困ビジネス被害	No. 44	不動産取引と消費者保護
No. 11	事業者破綻と消費者法	No. 45	新時代のあり方を、消費者視点で考える
No. 12	集団的消費者利益の実現と実体法の役割	No. 46	デジタルプラットフォームをどのように受け入れるべきかほか
No. 13	検証　消費者庁・消費者委員会	No. 47	マンション問題を考える　ほか
No. 14	消費者契約法の実務と展望	No. 48	デジタルプラットフォームと消費者の保護
No. 15	高齢者と消費者法	No. 49	災害・感染症と消費者
No. 16	消費者撤回権をめぐる法と政策	No. 50	消費者裁判手続特例法の見直しへ向けて
No. 17	中小事業者の保護と消費者法	No. 51	社会のデジタル化と消費者
No. 18	電気通信サービスをめぐる諸問題		
No. 19	保証被害の救済に向けて		
No. 20	消費者契約法改正への論点整理		
No. 21	食品表示と消費者法		
No. 22	詐欺的悪質商法業者の探知と被害回復		
No. 23	集団的消費者被害救済制度　ほか		
No. 24	制定20周年を迎える製造物責任法の現状と課題		
No. 25	スマートフォンをめぐる諸問題		
No. 26	医療と消費者		
No. 27	特定商取引法の見直しへ向けて		
No. 28	適合性原則と消費者法		
No. 29	介護サービスと消費者法		
No. 30	相談業務の充実に向けた広域連携　ほか		
No. 31	消費者法からみた民事裁判手続　ほか		
No. 32	広告と消費者法		
No. 33	消費者教育を考える		
No. 34	検証　改正消費者契約法		

発行　民事法研究会

〒150-0013　東京都渋谷区恵比寿3-7-16
（営業）TEL. 03-5798-7257　FAX. 03-5798-7258
http://www.minjiho.com/　info@minjiho.com

■契約類型別に分類し、分析・検証した唯一の書！

判例
消費者契約法の解説
―契約類型別の論点・争点の検証と実務指針―

升田 純 著

A 5 判・373頁・定価4,400円（本体 4,000円＋税10％）

▷▷▷▷▷▷▷▷▷▷▷▷▷▷▷▷▷▷▷ **本書の特色と狙い** ◁◁◁◁◁◁◁◁◁◁◁◁◁◁◁◁◁◁◁

▶消費者契約法施行後の裁判例を収集・網羅・分類して、裁判例には「事案の特徴」、「判決文」、「判決の特徴と意義」の順で懇切・丁寧に解説をした待望の書！

▶裁判例には、判決年月日・収録文献とともに、適用条項と簡潔な論点・争点を付しているので、検索しやすく実務現場での活用が至便！

▶冒頭の第1部「総論編」では、消費者契約法の全体像をわかりやすく解説し、末尾の第3部「差止請求訴訟の動向と裁判例の実情」では、適格消費者団体による差止請求訴訟の解説と関連判例一覧を収録しているので、学者、弁護士、司法書士、消費者センターや行政の担当者、消費生活相談員などの関係者必携の書！

❖❖❖❖❖❖❖❖❖❖❖❖❖❖❖❖❖ **本書の主要内容** ❖❖❖❖❖❖❖❖❖❖❖❖❖❖❖❖❖

第1部 総論編
 Ⅰ 消費者契約法の立法・改正の概要
 Ⅱ 消費者契約をめぐる裁判例の動向
 Ⅲ 消費者保護の在り方と実情
 Ⅳ 消費者契約法の概説
第2部 契約類型別の消費者契約と裁判例の検証
 1 パーティーの予約／2 宿泊の予約／3 結婚式の挙式契約／4 旅行の手配契約／5 オペラの鑑賞契約／6 冠婚葬祭の互助会契約／7 大学の入学契約・在学契約／8 専門学校、高校、その他の学校の入学契約・在学契約／9 住居用建物の賃貸借契約（借家契約）／10 自動車の売買契約／11 マンションの分譲契約（売買契約）／12 食品の売買契約／13 絵画の売買契約／14 割賦販売契約／15 金融商品販売契約／16 金銭消費貸借契約・保証委託契約／17 老人ホーム利用契約／18 保険契約／19 携帯電話利用契

約／20 情報提供契約／21 ガス供給契約／22 医療契約／23 弁護士の委任契約／24 放送受信契約／25 請負契約／26 悪質取引
第3部 差止請求訴訟の動向と裁判例の実情

発行 ㊎ 民事法研究会

〒150-0013 東京都渋谷区恵比寿3-7-16
（営業）TEL. 03-5798-7257 FAX. 03-5798-7258
http://www.minjiho.com/ info@minjiho.com

最新実務に必携の手引

│ 実務に即対応できる好評実務書！ │

2021年3月刊 令和2年改正までを織り込んだ最新版！

消費者六法〔2021年版〕
──判例・約款付──

消費者問題に関わる場合に、これだけはどうしても必要だと思われる法令、判例、書式、約款を収録した実務六法！　令和2年改正までを織り込み、重要法令については政省令・通達・ガイドラインを収録！

編集代表　甲斐道太郎・松本恒雄・木村達也

（A5判箱入り並製・1612頁・定価6160円（本体5600円＋税10%））

2021年2月刊 最新の法令、消費者問題等の動向を踏まえて、約9年ぶりに全面改訂！

実践的 消費者読本〔第6版〕

消費者問題に取り組んでいるさまざまな分野の専門家が、契約、お金、生活経済、環境、衣食住などについて、消費者が現代社会を賢く、また、消費者トラブルに遭わずに生きていくための必須の知識をわかりやすく解説！

圓山茂夫　編著

（B5判・121頁・定価1430円（本体1300円＋税10%））

2018年9月刊 平成30年までの法令等の改正と最新の判例や実務の動向を収録して大幅改訂！

詳解 特定商取引法の理論と実務〔第4版〕

膨大な量の政省令や運用通達を分析・検証して理論と実務の架橋を図るとともに、多様なトラブル事例に対する実務指針を明示！　実務現場で十全に活用できるよう民法、商法や消費者契約法等の基本法と有機的に関連させつつ一体として解説！

圓山茂夫　著

（A5判・764頁・定価7700円（本体7000円＋税10%））

2018年9月刊 消費者問題の各分野について重要な裁判例をもとに、消費者問題の理論と実務を解説！

判例から学ぶ消費者法〔第3版〕

約款、集団的消費者被害回復制度について新たに章を設け、民法（債権関係）、消費者契約法、特定商取引法、割賦販売法等の改正、消費者裁判手続特例法の立法から最新の重要判例も織り込んで改訂！

島川　勝・坂東俊矢　編

（A5判・312頁・定価3080円（本体2800円＋税10%））

発行 ㊞ 民事法研究会　〒150-0013 東京都渋谷区恵比寿3-7-16
（営業）TEL 03-5798-7257　FAX 03-5798-7258
http://www.minjiho.com/　info@minjiho.com

トラブル相談シリーズ

─| トラブル相談の現場で必携となる1冊！ |─

2021年8月刊 最新の実例に基づくさまざまな問題を、90の事例をもとに法的観点から解説！

葬儀・墓地のトラブル相談Q&A〔第2版〕
─基礎知識から具体的解決策まで─

「送骨」「手元供養」などの葬送秩序の変化や、葬儀ローン・離檀料などの新たな紛争類型を含む90の事例をもとに、法改正に対応してわかりやすく解説！　トラブル相談を受ける実務家、消費生活センター関係者、自治体担当者等必携の1冊！

長谷川正浩・石川美明・村千鶴子　編

（A5判・331頁・定価3190円(本体2900円＋税10％)）

2020年3月刊 改正動物愛護管理法・政省令、基準等に基づき、トラブルの実態、法的責任、対応策等を解説！

ペットのトラブル相談Q&A〔第2版〕
─基礎知識から具体的解決策まで─

令和元年の動物愛護管理法改正、債権法改正等を踏まえて、ペットをめぐるトラブルの実態、法的責任、対応策等について、ペット問題に精通する法律実務家がわかりやすく解説！

渋谷　寛・佐藤光子・杉村亜紀子　著

（A5判・281頁・定価2750円(本体2500円＋税10％)）

2019年1月刊 基礎知識から施術・契約・広告表示をめぐるトラブル等の予防・対処法までを解説！

美容・エステのトラブル相談Q&A
─基礎知識から具体的解決策まで─

美容医療・エステについての法的規制、施術に関する基礎知識の解説から、施術、契約、表示をめぐるトラブル等の解決に向けた対処法について、被害の救済にあたってきた弁護士がわかりやすく解説！

美容・エステ被害研究会　編

（A5判・295頁・定価3300円(本体3000円＋税10％)）

2018年11月刊 膨大・難解な特定商取引法をわかりやすく解説した、トラブル対応の必携書！

特定商取引のトラブル相談Q&A
─基礎知識から具体的解決策まで─

訪問販売、通信販売、マルチ商法など特定商取引をめぐる広範なトラブル等について、消費者問題に精通する研究者・実務家が、最新の実務動向を踏まえてわかりやすく解説！

坂東俊矢　監修

（A5判・291頁・定価3300円 (本体3000円＋税10％)）

発行　民事法研究会

〒150-0013　東京都渋谷区恵比寿3-7-16
（営業）TEL 03-5798-7257　FAX 03-5798-7258
https://www.minjiho.com/　info@minjiho.com